ETUDE SUR L'ÉVOLUTION DES COUTUMES KABYLES

spécialement en ce qui concerne

l'Exhérédation des Femmes et la Pratique du Hobous

THÈSE DE DOCTORAT EN DROIT

(Es Sciences Juridiques)

ÉTUDE

sur

L'ÉVOLUTION DES COUTUMES KABYLES

spécialement en ce qui concerne

l'Exhérédation des Femmes et la Pratique du Hobous

PAR

Pierre HACOUN-CAMPREDON

Docteur en Droit

Avoué près le Tribunal civil de Tizi-Ouzou

ALGER

ANCIENNE MAISON BASTIDE-JOURDAN

JULES CARBONEL

IMPRIMEUR-LIBRAIRE DE L'UNIVERSITÉ

1921

A Mᵉ André OTTEN

Bâtonnier de l'Ordre des Avocats à la Cour d'Appel
d'Alger

> «... Dans ce vaste monde qu'est
> le Palais j'ai marché longtemps « à
> l'ombre de votre bras ». Je n'y ai
> rien appris « qu'en vous regardant
> faire »... Ce n'est point, vous le
> savez, parce que j'en peux aujour-
> d'hui retirer de l'orgueil que je
> tiens à exprimer ici ma recon-
> naissance ». (Fernand Payen, Anthologie
> des Avocats Français).

MEIS ET AMICIS

AVANT-PROPOS

L'Afrique du Nord, bien qu'elle ait subi deux invasions arabes (1) et que ses habitants se soient convertis à l'Islamisme, contient encore un certain nombre de groupements demeurés berbères, tant par la race que par leurs institutions (2).

Les groupements les plus considérables de Berbères demeurés à peu près purs sont :

1° Au Maroc :

Au nord, le groupe Riffain ;

Au Sud-Est et au centre, le groupe des Braber ;

---

(1) Au VIIe et au XIe siècles.

(2) Il n'y a, en Algérie, que très peu d'indigènes de race ou de sang arabe, 1/5 peut-être de la population (Vignon, *Politique coloniale*, p. 45). — Bertholon et Chantre (*Recherches anthropologiques dans la Berbérie orientale*) vont jusqu'à dire qu'il y en a moins encore et qu'on ne les rencontre « qu'à l'état sporadique ». M. Georges Marçais (*Les Arabes en Berbérie du XIe au XIVe siècle*, édit. 1913) ne conteste pas cette opinion. Lorsque, dans cette étude, nous parlerons des Arabes, il s'agira, en réalité, d'Arabo-Berbères, par opposition aux Berbères restés purs.

Au Sud-Ouest, celui du Sous (1).

2° En Algérie :

Les groupes de l'Aurès, du Mzab et, surtout, de la Kabylie.

Alors qu'au Maroc des études sont poursuivies pour étudier les institutions Berbères, en Algérie nous ne possédons que l'ouvrage (d'ailleurs considérable) d'Hanoteau et Letourneux sur les coutumes kabyles, dont le manuscrit remonte à 1868.

Dans le but de « centraliser les travaux établis dans les différentes régions sur les populations berbères du Maroc et d'en retirer des résultats pratiques concernant l'organisation et l'administration de ces tribus », le Résident Général a créé, à Rabat, un Comité d'Etudes Berbères (2) auquel nous devons des monographies du plus haut intérêt publiées notamment par les *Archives Berbères* (3).

Il serait désirable que l'enquête d'Hanoteau et Letourneux, suspendue depuis cinquante-trois ans, fût reprise en Kabylie et que, pareil travail, fût entrepris dans l'Aurès et au Mzab.

---

(1) Colonel Simon, *Archives Berbères*, 1915, volume et fascicule I. — Henri Bruno, *Introduction à l'Etude du droit coutumier des Berbères du Maroc Central*, même ouvrage, 1918, vol. 3, fasc. 4, p. 297.

(2) Décision du 9 janvier 1915.

(3) Paris, Leroux, éditeur.

L'œuvre à accomplir est importante et d'une utilité incontestable.

Dans le domaine spéculatif, l'étude ethnique et historique de la race berbère n'est qu'ébauchée et éparse (1). Elle pourra être approfondie.

Mais s'il n'est pas d'un intérêt immédiat de savoir d'où viennent et comment se sont perpétués les groupements indigènes placés sous notre domination, il est indispensable de connaître celles de leurs mœurs que nous avons pris l'engagement de respecter.

Notre politique coloniale, en effet, a érigé en axiome, ce principe qu'il faut respecter les usages des peuples qui se rangent sous nos drapeaux.

Nous devons donc, non seulement connaître ces coutumes à leur origine, mais les suivre dans leur évolution.

Dans ce domaine pratique, le seul envisagé par nous, nous n'avons d'autre prétention que d'apporter avant la lettre, notre contribution — très modeste — aux travaux de ce Comité d'Etudes Berbères qu'il serait si souhaitable de voir instituer en Algérie.

---

(1) Ibn Khaldoun, *Histoire des Berbères.* — Hanoteau et Letourneux. — Masqueray, *Formation des cités chez les populations sédentaires de l'Algérie*, Paris 1886. — Gsell, *Histoire ancienne de l'Afrique du Nord*, Paris, 1913. — Mercier, *Histoire de l'Afrique septentrionale*. — Carette, *Recherches sur les migrations des tribus*. — Fournel, *Les Berbères*. — Bibliographie citée par Luc : *Le Droit Kabyle*, 2° édition, Paris, 1917.

BIBLIOGRAPHIE

I. - Traités généraux.

CHARPENTIER. — Précis de Législation algérienne et tunisienne. – Alger 1899.

CLAVEL. — Droit musulman. Du statut personnel et des successions. — 2 vol. Larose, édit. 1895.

LARCHER. — Traité de Législation algérienne. — 3 vol. Rousseau et Jourdan, édit. 1911.

MASSONNIÉ. — Traité théorique et pratique de la compétence et de la procédure en matière musulmane. — Rousseau, édit. 1910.

Marcel MORAND. — Avant-Projet de Code présenté à la Commission de codification du Droit Musulman Algérien. — Jourdan, édit. 1916.

Louis VIGNON. — Un programme de Politique Coloniale, 3ᵉ édition. — Plon-Nourrit, édit. 1919.

II. — Monographies.

LES ARCHIVES BERBÈRES (Publication du Comité d'Études Berbères de Rabat. Leroux, édit.) :

    a) BIARNAY. — Un cas de régression vers la coutume berbère dans une tribu arabisée (tome Iᵉʳ, page 219).

b) BRUNO. — Note sur le statut coutumier des Berbères Marocains (tome I p. 135).

c) BRUNO. — Introduction à l'étude du droit coutumier des Berbères du Maroc Central (Année 1918, fascicule 5. p. 297).

Henri BASSET. — Essai sur la littérature des Berbères : Les Qanoun (Thèse, Alger 1920). Carbonel, édit. 1920.

BOULIFA Si Ammar ben Saïd. — Recueil de Poésies Kabyles. Introduction, Jourdan. édit. 1904.

— Le Kanoun d'Adni (Recueil de mémoires et de textes publiés en l'honneur du XIVᵉ Congrès des orientalistes à Alger). Fontana, édit. 1905.

CHARVERIAT. — A travers la Kabylie (Plon-Nourrit, édit. 1889).

ESTOUBLON. — Mariages musulmans et Kabyles (*Rev. Alg.* 1892, 1, 81).

HANOTEAU et LETOURNEUX. — La Kabylie et les Coutumes Kabyles. — 3 vol. Challamel, édit. 1893.

LE ROY. — Un peuple de Barbares en Territoire Français (Challamel. édit. 1911).

LUC. — Le droit Kabyle, Thèse Toulouse 1911 et 2ᵉ édition, Paris, 1917.

MASQUERAY. — Formation des cités chez les populations sédentaires de l'Algérie. — Paris 1886.

E. MERCIER. — Deuxième étude sur le hobous (*Rev. Alg.* 1897).

MORAND. — Etudes de Droit musulman algérien. — Jourdan, édit. 1910.

RENAN. — Mélanges d'Histoire et de Voyages : « La Société Berbère ». Paris, 1878.

III. — Recueils de textes

ESTOUBLON et LEFEBURE. — Code de l'Algérie annoté. — Jourdan, édit. 1896.

Revue Algérienne, Tunisienne et Marocaine, Jules Carbonel, édit.

ROBE. — Journal de la jurisprudence de la Cour d'appel d'Alger et de la législation Algérienne. — Gojosso, édit.

*
* *

Nous devons des remerciments particuliers :

A notre Président de Thèse, M. Marcel Morand, Doyen de la Faculté de Droit, dont les conseils nous ont grandement aidé dans notre travail ;

A M. le Cadi Cherchali ; à MM. Achour Saïd et Hacène, Interprètes Judiciaires à Tizi-Ouzou ; à M' Ould Aoudia, Avocat à Michelet, qui nous ont fourni de nombreux renseignements inédits ;

A M' Costedoat, Greffier en chef de la Cour d'Appel d'Alger et à M' Laffont, Greffier du Tribunal civil de Tizi-Ouzou, qui ont bien voulu mettre leurs archives à notre disposition ;

A M. Paoli, Bibliothécaire de l'Université d'Alger, qui a facilité nos recherches bibliographiques.

ÉTUDE SUR L'ÉVOLUTION DES COUTUMES KABYLES

spécialement en ce qui concerne
l'Exhérédation des Femmes et la Pratique du Hobous

INTRODUCTION

Après 91 années d'expérience, il semble que la France ait renoncé à appliquer aux indigènes musulmans de l'Algérie, les deux politiques du refoulement et de l'assimilation.

La première tendant à la compression, au cantonnement de ces populations (1) pour faire place à la colonisation par les seuls immigrants Européens, a été abandonnée depuis 1863 (2).

La seconde tendant à assimiler les indigènes, c'est-à-dire à les « soustraire à leurs influences traditionnelles et ataviques » (3) pour les plier à toutes nos

---

(1) Maréchal Randon, 1852.

(2) Sénatus Consulte du 22 avril 1863.

(3) Sénat, Séance du 30 janvier 1919, *Journal Officiel*, p. 60. Discours de M. Steeg, Rapporteur de la Loi sur l'accession des indigènes de l'Algérie aux droits politiques : « La thèse du refoulement et de la compression est surannée, moralement choquante et politiquement périlleuse ... Celle de l'assimilation est peut-être prématurée et probablement irréalisable ».

lois et à nos mœurs, pour les absorber en un mot, est chimérique.

Elle a été condamnée par Jules Ferry dans des formules définitives (1).

Ces deux thèses extrêmes de l'assimilation et du refoulement, ont fait place à des théories intermédiaires qui n'ont pas encore de titre unique, mais dont les conclusions sont identiques.

Dans ces théories, les uns demandent aux musulmans « d'entrer dans la grande famille française avec leurs traditions et leur génie, de s'associer à notre œuvre de civilisation et à notre œuvre de grandeur nationale et d'être des collaborateurs loyaux et fidèles... (2) ».

C'est la politique d'association.

---

(1) Le Maréchal Bugeaud disait déjà : « On pourrait faire bouillir pendant des siècles le bouillon d'Arabe et le bouillon de Chrétien dans la même marmite, sans qu'ils se mélangent jamais ». (Augustin Bernard, *L'organisation communale des Indigènes d'Algérie*, Paris-Larose, édit. 1918).

(2) Chambre des députés. Séances des 16 décembre 1913 au 11 février 1914 — Discours de M. Georges Leygues — Résolution du 8 janvier 1917 : « La Chambre des Députés, interprète fidèle des sentiments unanimes de la Nation, affirme sa résolution de poursuivre de plus en plus effectivement envers les populations coloniales, la généreuse politique d'association qui continuera à assurer leur incorporation progressive dans l'unité nationale et fortifiera l'union toujours plus étroite de tous les territoires sur lesquels flotte le drapeau de la France ».

Les autres préconisent ce qu'ils appellent la politique du protectorat, qui serait mieux dénommée politique de l'évolution. Ils conseillent de « conduire les populations, par l'intermédiaire de leurs chefs naturels, sans les troubler dans leurs croyances, leurs modes de vivre et habitudes, en se bornant *à leur demander de réformer leurs coutumes pour ce qu'elles ont de trop contraires à nos idées morales et juridiques* .. de les mener lentement, à leur pas... vers un état social, politique et économique meilleur — état qui, toutefois, ne cessera pas de répondre à leur mentalité, demeurera conforme aux facultés évolutives de leur intelligence... (1) ».

Ce serait là, d'après M. Vignon, la politique du protectorat.

Mais comment peut-on concevoir un protectorat qui ne serait subordonné à aucune souveraineté ?

A moins d'enlever à ce mot sa valeur politique, pour ne lui laisser que son sens grammatical, quel Bey ou quel Sultan sera, en Algérie, placé sous le protectorat Français ?

Laissons donc le titre pour n'accepter que le programme qui tend, selon la formule de Waldeck-Rousseau, à aider l'indigène à évoluer, non pas dans notre civilisation, mais dans la sienne.

____

(1) M. Louis Vignon, Professeur à l'Ecole Coloniale, *Un programme de politique coloniale*, p. 212.

M. Vignon se défend cependant d'être évolution-
niste.

L'homme, dit-il, est la résultante de trois forces : la
race, le milieu physico-chimique et la société ou milieu psychologique. Or la société Berbère, est passée
de l'état dynamique à l'état statique et a cessé d'évoluer parce qu'elle n'a plus d'élite.

L'objection repose sur une affirmation gratuite.

Quiconque a vécu en Kabylie notamment, peut
attester que les indigènes de ce pays sont travailleurs,
intelligents et capables de créer. Veut-on qu'ils ne
soient capables que de s'adapter ?

La France fournissant l'élite, c'est-à-dire les inven-
teurs (ceux que d'Annunzio appelle les « animateurs »),
pourquoi le Berbère ne subirait-il pas l'influence
de notre société ? Pourquoi n'obéirait-il pas, plus
lentement que nous, certes, mais nécessairement, à
la loi fatale de l'évolution ? et (pour nous rapprocher
de notre sujet) pourquoi ne serait-il pas naturellement
conduit « à réformer ses coutumes pour ce qu'elles
ont de trop contraires à nos idées morales et juridiques ? »

« Cette évolution est non seulement possible ; elle
est inévitable (1) ».

Dira-t-on que « la religion de Mahomet brise les

____

(1) M. Steeg, discours cité.

initiatives, enseignée qu'elle est sous les formes les plus sèches, les plus éteignantes... englobant tous les domaines : famille, droit civil et pénal, gouvernement... ? (1) ».

Mais la loi Coranique a-t-elle empêché la Turquie et l'Egypte musulmane, de se moderniser (2) ?

Au surplus, en tenant l'objection pour sérieuse chez les Arabes, elle est inopérante chez les Berbères pour qui la loi civile et la loi religieuse restent complètement étrangères l'une à l'autre.

En résumé, les partisans du protectorat ne peuvent être autre chose que des évolutionnistes et les deux thèses aboutissent aux mêmes conclusions : nous devons être pour nos sujets « des tuteurs, des éduca-« teurs, présidant à une évolution conforme aux lois « naturelles... aidons-les, conseillons-les, afin qu'ils « évoluent en tant qu'ils le peuvent et le désirent (3) ».

Nous ajoutons : soyons attentifs aux progrès ainsi réalisés. Dans le domaine juridique surtout, enregistrons les vœux des populations indigènes en marche vers plus d'équité et de justice. Ne laissons pas les vieilles formules légales se cristalliser.

---

(1) M. Vignon, *op. cit.*

(2) *L'Islam et son avenir*, Revue des Deux Mondes, 1ᵉʳ août 1921.
— *Essai sur la théorie de la preuve en droit musulman*, François Marneur, Paris, 1910, thèse, p. 401.

(3) M. Vignon, *op. cit.*, p. 315.

C'est dans cet esprit, que nous abordons l'Etude de l'évolution des coutumes kabyles, plus spécialement en ce qu'elles touchent aux droits des femmes dans les successions.

Dans une première partie nous tenterons de démontrer qu'il est devenu nécessaire de reviser la coutume berbère et de donner force de loi au consentement général et actuel des populations kabyles.

Nous appliquant, spécialement, au principe trop facilement accepté et maintenu de l'exhérédation des femmes, nous suivrons — dans une deuxième partie — l'évolution de cette coutume successorale, étroitement liée, dans ce pays, à la pratique du hobous.

Nous tenterons de faire apparaître le désir des Kabyles de rendre aujourd'hui à la femme les droits qu'une délibération hâtive lui a ravis, loi de police qui aurait dû disparaître avec les circonstances qui l'avaient fait naître.

Nous ne nous dissimulons pas notre insuffisance devant un programme aussi délicat.

Aussi bien aurons-nous atteint notre but si nous parvenons seulement à attirer l'attention sur des questions dont on ne pourra nier ni l'intérêt juridique ni l'importance pratique.

Première Partie

LE DROIT COUTUMIER BERBÈRE

SON ÉVOLUTION

CHAPITRE PREMIER

Raisons du maintien du droit coutumier berbère

Bien que l'opinion contraire soit généralement admise (1) nous pensons que ce n'est pas dans la Capitulation du 5 juillet 1830 que les Berbères puisent le droit de continuer à être régis par leurs coutumes.

La conquête de la Kabylie n'a été achevée qu'en 1857 et les Français victorieux ne traitaient pas, en 1830, avec les Berbères (2).

Il n'y a pas, dans ce fait, un simple anachronisme.

Dire à des Arabes que leur religion restera libre, c'est leur promettre le respect de leur loi parce que le Coran est à la fois leur livre saint et leur code.

Mais dire à des Berbères que leur religion sera respectée, ce n'est pas leur promettre que leurs

---

(1) Clavel, *Droit musulman* t. II, p. 7. — Rapport du Procureur Général inséré dans l'Instruction du Gouverneur Général du 13 juillet 1903, rapportée *infra*, p. 76.

(2) Dès la conquête une distinction était établie entre Arabes et Kabyles : un arrêté du 4 juin 1837 crée, à Alger, un emploi « d'amine des Kbaïles ». Pélissier de Raynaud, *Annales Algériennes,* édition 1854, t. II, p. 241.

coutumes conserveront force de loi car, pour eux, les deux domaines légaux et religieux sont nettement séparés.

Or, la Capitulation de 1830 ne parle pas des coutumes.

D'autre part, il ne faut pas donner à ce document historique, une portée qu'il n'a pas.

Le 5 juillet 1830, jour de la capitulation d'Alger, nous n'avons promis aux défenseurs de la place, que les honneurs de la guerre.

Nous savions toutefois que, pour des « pirates barbaresques », la victoire se traduit par la mise en esclavage du vaincu, par sa conversion forcée, par la confiscation de ses biens, par le rapt de ses femmes.

Le Maréchal de Bourmont tint à rassurer la population indigène, habituée à cette définition de la victoire ; il inséra, dans la capitulation, cette déclaration que rien ne l'obligeait à faire, puisque le Dey se rendait à merci :

« L'exercice de la religion mahométane restera « libre. La liberté des habitants de toutes les classes, « leur religion, leurs propriétés, leur commerce et « leur industrie, ne recevront aucune atteinte. Leurs « femmes seront respectées ».

Cette proclamation qui, au surplus, ne s'adressait qu'aux habitants d'Alger, a cependant été érigée en charte par les Musulmans algériens qui prétendent en tirer les conséquences politiques et juridiques parfois les plus inattendues.

La législation algérienne a donné, quant à elle, à cette capitulation, l'interprétation suivante à laquelle il convient de s'arrêter :

— En maintenant nominativement leur religion aux indigènes, la capitulation a maintenu leur loi religieuse (1).

Le statut personnel et les successions des Musulmans résidant en Algérie, tenant intimement à leur loi religieuse, ces indigènes resteront, pour ces matières, régis par la loi musulmane (2).

En ce qui concerne la Kabylie, il ne peut être question de loi religieuse, la coutume étant laïque.

Il faut donc trouver le fondement du respect des coutumes kabyles uniquement dans nos principes de politique coloniale, confirmés dans les proclamations de nos généraux victorieux (3).

La France a d'ailleurs, le plus grand intérêt à maintenir ce principe et à laisser subsister le droit berbère.

----

(1) Alger, 26 décembre 1854, *J. A.*, 1854-1866.

(2) Décret du 17 avril 1889, art. 4 et 5.

(3) Notamment, proclamation du Maréchal Randon aux Kabyles, du 30 mai 1857, rapportée dans Estoublon, 1857, p. 199. Voir encore Hanoteau et Letourneux, *op. cit.*, t. II, p. 9.

Alors que la législation musulmane est emprisonnée dans le Coran, la coutume kabyle se forme au contraire en dehors de la religion. Le droit coutumier peut donc, sans sacrilège, se modifier jusqu'à s'identifier à nos lois.

L'apport de sang arabe dans l'Afrique du Nord a été minime ; c'est la religion qui a été le principal agent d'arabisation. Seul le Kabyle a résisté en partie. Il a accepté la croyance, mais il a conservé à ses lois leur caractère laïque ; il s'est islamisé. mais non arabisé. Il s'est soumis aux préceptes religieux du Coran, mais il ne parle pas la langue arabe et obéit aux traditions berbères même si elles sont condamnées par le Livre Saint (1).

« Il dissocie la foi des institutions et reste passionnément attaché au *mos majorum* qui constitue sa seule loi (2) ».

Il est facile de concevoir quel profit la civilisation peut retirer d'un tel état de choses.

A notre contact et sous les influences qui l'assaillent de toutes parts, le Kabyle adoucit ses mœurs et se rapproche de nos lois sans que la religion dresse d'obstacle entre lui et nous.

---

(1) Par exemple en exhérédant les femmes en violation de la loi coranique.

(2) Henri Bruno, *op. cit.*

Le Protectorat marocain a senti l'importance de cette considération ajoutée à tant d'autres favorables au droit coutumier.

Un dahir du 12 septembre 1914, a reconnu l'existence au Maroc de tribus dites de coutumes berbères qui sont et demeurent régies et administrées selon leurs lois et coutumes propres (1).

En Algérie au contraire, le décret du 13 décembre 1866, en arabisant à outrance, même la région berbère de l'Aurès, a consommé une véritable erreur politique.

Heureusement, le décret du 29 août 1874, en organisant la justice française en Kabylie, a décidé de laisser aux populations de ce pays leurs lois propres.

Nous devons nous appliquer au maintien du principe posé par ce décret, en protégeant le droit coutumier berbère contre les entreprises islamiques.

Nous devons nous garder d'arabiser la Kabylie.

---

(1) Henri Bruno, *op. cit.*: « Les vieilles traditions de l'izref (coutume juridique berbère au Maroc), au moins en matière civile, sont plus souvent en harmonie avec l'esprit de notre Code que les lois de l'Islam, et si nous ne pouvons laisser aux Berbères marocains leur organisation politique ancestrale, du moins avons-nous tout intérêt à leur conserver, sous notre contrôle, l'usage de leurs coutumes civiles ».

CHAPITRE II

Domaine d'application actuel du Droit coutumier

Aux termes de ce Décret du 29 août 1874 (articles 2 et 4) la coutume berbère doit être appliquée par nos juridictions :

1º Dans les questions religieuses et d'état, ce qui équivaut, par suite du rapprochement qu'il y a lieu d'établir avec l'article 24 du Décret du 13 décembre 1866, à une réserve de l'application de la coutume berbère en matière de statut successoral (1) ;

2º En matière personnelle et mobilière ;

Et 3º en matière réelle pour les immeubles non francisés (2).

Ce décret est applicable aux arrondissements judiciaires de Bougie (Petite Kabylie) et de Tizi-Ouzou (Grande Kabylie).

En fait, le droit musulman est seul appliqué, à

____

(1) Trib. civ. Tizi-Ouzou, 26 février 1892, *Rev. Alg*. 1892, 2, 76.

(2) Alger, 24 juillet 1907. Robe 1907. — Massonié, *Compétence et Procédure en matière musulmane*, p. 3.

l'exclusion de la coutume berbère, dans tout l'arrondissement de Bougie (1) alors cependant qu'une grande partie des justiciables de ce territoire est purement Kabyle.

Dans cet arrondissement, en effet. les populations habitant le canton d'Akbou et la rive gauche de la Soummam sont exclusivement Kabyles. Il en est de même des douars dépendant du canton judiciaire de Bougie, exception faite de cette ville. Kerrata et le Guergour sont peuplés pour moitié d'Arabes et de Kabyles, les Arabes étant fixés plutôt dans les douars qui confinent, au Nord-Ouest, Fedj-M'Zala et Djidjelli. Seuls les cantons de Taher et de Djidjelli sont purement arabes (2).

Dans l'Aurès, c'est donc le législateur qui, d'un trait de plume regrettable, arabise les Aurasiens ; dans la Petite Kabylie, c'est la jurisprudence qui tolère la substitution du droit musulman à la coutume, de telle sorte qu'on peut se demander pourquoi le Décret du 29 août 1874 est déclaré applicable à l'arrondissement judiciaire de Bougie (3).

Dans l'arrondissement de Tizi-Ouzou lui-même,

----

(1) Réserve faite pour le serment religieux avec assistance de cojureurs, seul vestige encore respecté de la coutume berbère.

(2) Nous devons ces renseignements à MM. Robert et Thuaire, Juges au Tribunal Civil de Bougie.

(3) Voir la carte INÉDITE des douars de l'arrondissement de Tizi-Ouzou, à la fin de l'ouvrage.

une partie des cantons de Dellys (huit douars sur douze) (1),

de Bordj-Menaïel (trois douars sur six) (2),

et de Dra-el-Mizan (quatre douars sur quatorze) (3), demande et obtient des tribunaux, l'application du droit musulman.

Le surplus de cet arrondissement et les cantons de Michelet (créé en 1880), Fort-National (1874), Azazga (1880), Port-Gueydon (1880) et Tizi-Ouzou (1865) constituent donc le dernier îlot berbère battu par les flots de l'islam envahissant.

Si nous n'y prenons pas garde, nous verrons disparaître bientôt les derniers vestiges de ces traditions d'indépendance qui ont traversé victorieusement tant de dominations successives : punique, romaine, vandale, byzantine, arabe et turque.

Ce qui se passe notamment dans le canton de Dellys est un avertissement.

Le douar Sebaou-El-Khedim est en majorité peuplé d'arabes ; mais la minorité kabyle se réclame, elle aussi, du droit musulman.

Dans le douar Taourga (commune de Rébeval, sec-

____

(1) Douars Bouberak, Aïn-Mouder, El-Djedian, Ouled-Aïssa, Sebaou-El-Kedim, Beni-Thour, Beni-Slyem, Taourga.

(2) Douars Ouled Smir, Raïcha, El-Guious.

(3) Douars Flissa-M'Kira, Nezlioua, Ichoukrène et Akhelindja. (Renseignements de M. Vérola, Juge de paix à Dra-el-Mizan).

tion d'Horace-Vernet), les indigènes parlent arabe et kabyle, mais demandent l'application du statut personnel musulman.

Enfin et surtout, le douar Beni Slyem est peuplé en grande majorité, presque en totalité, de Kabyles qui ont tous abandonné la coutume pour passer à la loi musulmane (1).

Géographiquement il est certain que ce sont les douars en contact avec les régions de droit coranique qui subissent, les premiers, ces influences religieuses.

Mais pourquoi n'est-ce pas l'influence berbère qui triomphe dans les tribus où l'élément kabyle domine le peuplement arabe (2) ?

Pourquoi cette contagion par voisinage ne s'opère-t-elle pas aux dépens de l'Islam ?

Pourquoi ne constatons-nous pas en Algérie, comme au Maroc, des cas de retour, de la part de tribus arabisées, à la loi berbère (3) ?

------

(1) Nous devons ces renseignements à M. Baudonnet, Juge de paix à Dellys.

(2) Il est juste cependant de signaler que le douar Sidi Namane, situé aux portes de Tizi-Ouzou, dont la population est composée, en parties égales, d'Arabes et de Kabyles, adopte exclusivement la coutume berbère. Mais ce n'est pas là un cas de régression, ce douar étant toujours resté fidèle aux Kanouns kabyles.

(3) Comme dans l'espèce si curieuse, citée par M. Biarnay (*Archives Berbères*, 1915-16, p. 219). La tribu berbère des Ouedras, chez les Ybala (près de Tanger) était depuis longtemps

Par la faute de ceux qui ont enfermé la coutume kabyle en Algérie dans des formules qui la déforment ou qui l'étouffent.

Les Berbères, peu satisfaits de se voir appliquer une loi, ou qui n'a jamais été la leur, ou qui a cessé de répondre à leurs aspirations, se réfugient, comme pis aller, dans la loi islamiqne ou lui empruntent ses institutions.

A partir de ce moment, il est trop tard pour entreprendre l'assimilation législative d'un peuple qui s'offrait à nous sans préoccupations religieuses et que nous avons rejeté dans le droit coranique.

La coutume qui, autrefois, s'établissait, se transmettait, évoluait surtout, d'une façon si heureuse et si souple, n'a plus, depuis 1874, aucun moyen légal de se modifier.

Il est temps de lui restituer ces facilités, si nous avons le désir sincère de ne pas la voir complètement disparaître.

---

complètement arabisée sous l'influence notamment de ses cadis Vers l'an 1280 de l'hégire (1863-1864) par un véritable coup d'état, accompagné de l'assassinat du taleb Sidi Mohammed, la tribu abrogea la loi musulmane. Les notables rédigèrent une véritable charte constitutionnelle dont ils imposèrent l'acceptation au cheikh. Cette réglementation nouvelle revenait nettement aux traditions des vieilles coutumes berbères. (Basset, **Les Qanoun, thèse déjà citée**).

CHAPITRE III

Comment s'élaborait autrefois le droit coutumier
berbère. — Les Djemaâs. — Les Kanouns

———

Avant la conquète et jusqu'en 1874, les traditions berbères ont été élaborées, conservées, modifiées et sanctionnées à peu près exclusivement par des assemblées appelées djemaâs.

L'ensemble de ces règles traditionnelles constituaient les kanouns, rarement écrits, en tout cas revisés et complétés par ces mêmes djemaâs, autant que les circonstances l'exigeaient.

Il semble que l'institution de ces djemaas, dont l'influence fut capitale dans l'élaboration de la coutume, ait été quelque peu négligée dans les ouvrages sur le droit kabyle, alors qu'une importance trop grande a été donnée aux kanouns rédigés dans des conditions qu'il conviendra d'examiner.

Section I. — **Les djemaâs**

Dès avant 1830, l'unité naturelle qui correspondait à notre commune, c'était le douar représenté par sa djemaâ.

La tribu est une réunion de douars qui avait, elle aussi, sa djemaâ.

Dans tous les pays de race berbère, il y avait enfin une djemaâ dans chaque village.

« Les djemaâs, dit le commandant Rinn, ont toujours existé en Algérie. Cette existence a été reconnue officiellement dès 1844 par le Maréchal Bugeaud... C'est avec les djemaâs de tribus qu'ont été arrêtées par nos généraux les bases de conditions de soumission... »

Ces djemaâs constituaient la représentation traditionnelle des groupes indigènes de l'Algérie.

Comme les djemaâs arabes, les djemaâs berbères avaient l'exercice des pouvoirs administratif et exécutif; mais, seules, les djemaâs berbères avaient l'exercice des pouvoirs législatif et judiciaire, ce dernier au criminel, au civil, avec, en outre, la procédure d'exécution (1).

L'historique des djemaâs administratives n'entre pas dans le cadre de cette étude (2).

Quant aux pouvoirs judiciaires, ils furent mainte-

______

(1) Hanoteau et Letourneux, tome II, p. 25.

(2) Sénatus consulte du 23 mai 1863 (art. 16 et suiv.); Arrêtés du Gouverneur général des 20 mai 1868 (art. 55 et suiv.), 11 septembre 1895, 25 août 1896; Loi du 1ᵉʳ août 1918; Décret du 6 février 1919; Loi du 4 février 1919.

nus aux djemaâs berbères, au moins en partie, jusqu'en 1880.

De 1857, date de la conquête définitive de la Kabylie, jusqu'à l'insurrection de 1871, l'autorité militaire maintint dans son intégrité, le principe de l'ancienne djemaâ rendant la justice (qu'il ne faut pas confondre avec les djemaas de justice créées en 1874).

Un Décret du 10 mars 1873 institua les Tribunaux de première instance de Tizi-Ouzou et de Bougie, mais ne fut mis en vigueur qu'après le Décret du 29 août 1874 qui organisa la justice en Kabylie.

Dans le rapport qui précède ce dernier Décret (1), on lit : « tous les tribunaux de la Kabylie, appelés « djemaâs, ont été désorganisés pendant la dernière « insurrection, et depuis deux ans, il n'existe plus, « en réalité, de représentants de la justice dans cette « portion du territoire de l'Algérie... »

Par ce Décret, les juges kabyles sont donc remplacés dans tout l'arrondissement par des juges français, exception faite pour la commune de Fort-National, « le rapport estimant prématuré et trop difficile d'in- « troduire nos Juges de paix dans les montagnes de « la Haute-Kabylie encore inexplorées, en partie, par « les Européens ».

Le Décret (art. 18 et suiv.) institue donc, dans cha-

---

(1) Estoublon, 1874, p. 437, note 2.

cune des sections de la commune indigène de Fort-National, une djemaâ de justice composée de douze membres choisis dans des conditions déterminées.

Ces « djemaâs de justice », déjà différentes des anciennes djemaâs, furent elles-mêmes supprimées par le Décret du 21 septembre 1880 (art. 8).

C'est donc l'organisation des anciennes djemaâs qu'il convient d'examiner.

§ 1. — *Djemaas de village*

Jusqu'en 1874, il existait en Kabylie, dans chaque thadert (village), une autorité dirigeante, assemblée générale des citoyens, appelée djemaâ, à laquelle étaient attribués tous les pouvoirs politique, administratif, judiciaire et exécutif (1).

A cette assemblée assistaient tous les hommes en âge de porter les armes.

Ce n'était cependant pas un « meeting populaire (2) ».

« Cette assemblée était en réalité gouvernée par quelques hommes à qui l'âge, la naissance, la richesse donnaient une influence prépondérante (2) ».

___

(1) Hanoteau et Letourneux, tome II, p. 7.
(2) Augustin Bernard, *op. cit.*

Elle déléguait ses pouvoirs exécutifs à une sorte de municipalité composée d'un président (amine) élu par acclamation, assisté de conseillers (tamen, pluriel t'emman) choisis par lui dans chacune des fractions du douar et d'Okals (notables, gens sensés) en nombre illimité, imposés en quelque sorte par l'opinion publique (1).

La djemaâ nommait en outre, toujours par acclamation, un oukil (assesseur) auquel étaient dévolues les fonctions de trésorier de la djemaâ. Fait curieux : cet oukil était toujours choisi dans les rangs de la minorité, c'est-à-dire dans le çof opposé à celui de l'amine. Cette application du principe de la représentation proportionnelle présentait, en outre, cet avantage d'instituer à côté des élus de la majorité un contrôle permanent.

Enfin un secrétaire (khodja) complétait le bureau.

Le choix de cet auxiliaire était limité à quelques marabouts, seuls lettrés de l'époque. En effet, le dialecte kabyle ne s'écrit pas. Le Berbère, s'il veut fixer sa pensée par l'écriture, doit avoir recours à la langue arabe. Or, apprendre l'arabe était alors le seul privilège des marabouts, personnages religieux, d'origine arabe et tenus de connaître cette langue pour enseigner le Coran.

---

(1) Hanoteau et Letourneux, p. 24.

C'est donc cette djemaâ restreinte qui concentrait, en ses mains, tous les pouvoirs, sauf à en référer à l'assemblée générale lorsqu'il y avait un doute, une difficulté grave.

Dans ces assemblées générales, c'étaient surtout les vieillards et les notables qui prenaient la parole : les jeunes écoutaient en silence et s'instruisaient; la décision n'intervenait que lorsque l'unanimité était obtenue. C'était souvent, on le conçoit, très laborieux, en raison surtout de l'existence des çofs ou partis adverses.

Tous les villages, tous les groupements indigènes sont, même encore de nos jours, divisés en plusieurs çofs (généralement deux), groupés autour de personnalités plus ou moins influentes, se disputant le pouvoir.

« Un çof est une sorte d'association d'assistance mutuelle dans la défense et dans l'attaque pour toutes les éventualités de la vie. Son but est assez bien défini par le vieil adage kabyle : « Aide les tiens, qu'ils aient tort ou raison (1) ».

C'était le plus souvent l'intervention des marabouts

____

(1) Hanoteau et Letourneux, p. 11.

On comprend l'ampleur que cette institution du çof a prise en Kabylie depuis surtout que nous y avons introduit la politique, les élections à la djemaa, aux conseils général et municipal, aux délégations financières, etc...

entre les différents çofs qui faisait aboutir une solution transactionnelle.

La compétence de la djemaâ s'étendait à tout : aux questions communales et d'intérêt général : voirie, servitudes, amendes pour contraventions, police des marchés, etc...;

aux procès entre particuliers : créances, revendications mobilières et immobilières, statut personnel, successions, etc...

Enfin pour l'enregistrement des conventions, la passation des contrats, c'est encore la djemaâ qui était compétente, car les cadis n'existaient pas en Kabylie.

Il serait du plus grand intérêt de savoir si les délibérations et les jugements de la djemaa étaient généralement écrits. Hanoteau et Letourneux répondent par la négative (p. 25). Cependant certains renseignements nous permettent de penser le contraire.

Le fait que le comité de djemaâ comprenait un khodja (secrétaire) est une indication en faveur de notre opinion.

D'autre part, il existe en Kabylie, notamment dans les archives des cadis notaires, des registres des anciennes djemaâs. Il nous a été donné d'en examiner quelques-uns (1).

---

(1) Grâce à l'obligeance et à la science interprétative de ces officiers ministériels et notamment de M. le Cadi Cherchali.

Nous n'avons pas découvert de registres antérieurs à 1859, ce qui pourrait faire croire que la tenue de ces registres n'a été prescrite que par l'autorité militaire française, donc depuis la conquête.

En fût-il ainsi qu'il serait intéressant de compulser la collection de 1857 à 1874 et une commission chargée de ce soin y trouverait les références les plus utiles sur la véritable tradition et son évolution, la matière vivante pour une œuvre complète sur le droit coutumier et d'une authenticité, cette fois, indiscutable (1).

------

(1) Donner de longs extraits de ces registres serait sortir du cadre de cette modeste étude. Au surplus, de simples extraits pris au hasard et sans méthode ne présenteraient pas l'intérêt d'un relevé intégral de ces textes. C'est en y fouillant que nos savants arabisants découvriront la lettre véritable de la tradition berbère.

Nous citerons seulement trois extraits des registres conservés à la mahakma de Tizi-Ouzou.

Le premier est un contrat de rahnia ; le second une nomination de tuteur et le troisième un jugement.

I. — RAHNIA

« Louange à Dieu unique. Il n'y a que sa puissance de durable. Pardevant la djemaâ du village de Tadert Amokrane (douar Zmenzer) le porteur El Hadj Meziane, demeurant audit lieu, a pris en rahnia un olivier... pour la somme de... des mains du débiteur Ali... En présence de son mandataire Mohamed... et ceux qui se trouvaient présents : l'amine El Hadjouar, l'oukil Mohand Amziane, les damens Saïd, Mohamed, Abdelkader, Mohamed Akouche (14 noms) et les honorables (12 noms). Fait

à la date du 12 Moharem 1287 (1869). Le rédacteur Mohamed ben
Mazari, khodja de la djemaâ. »

II. — Tutelle

« Louange à Dieu, etc... pardevant la djemaa... après qu'il a
été établi que le nommé Ben Saïd... est le parent du mineur
Ali et de ses frères, qu'il remplit les conditions voulues pour
s'occuper de leurs intérêts parce que ce sont ses neveux, qu'il
est tout désigné pour remplir les fonctions de tuteur.. nous
consacrons le choix fait par la famille, etc... »

III. — Jugement

« Louange à Dieu, etc.. Un différend s'est élevé entre le porteur du présent, Mohamed ben Sliman et ses frères, représentés
par leur mandataire, demeurant à Aïn-Amane, douar Beni-
Zemenzer, au sujet d'un terrain mechmel à usage de cimetière.
Le demandeur accusait les défendeurs d'avoir donné plus d'ex-
tension à ce communal, de s'en être servi pour la culture et d'y
avoir fait des plantations. Le mandataire des frères opposant
des dénégations formelles, la djemaâ est appelée à juger de
cette contestation, conformément aux usages et à la loi.

Devant cette assemblée, le demandeur a produit un acte écrit
de la main du jurisconsulte Sidi Ahmed... A l'examen, cet acte
a été jugé authentique, notamment en ce qui concerne la parcelle
litigieuse et ses limites.

La partie adverse, après avoir [pris connaissance de cet acte,
s'est soumise à son contenu.

La djemaâ en a pris acte et a validé le droit de propriété du
porteur (demandeur).

L'assemblée se composait de l'amine Haoussine..,, l'oukil
Ahmed, des damens (7 noms), des honorables (6 noms) et
d'autres dont il serait trop long d'énumérer les noms (sic).

Le différend a été vidé conformément à la décision ci-dessus
et l'assemblée a autorisé le demandeur à faire coucher le jugement et à en lever une expédition. L'écrivain Saïd ben Mohamed ben Mohamed El Yacoubi. »

Nous savons également que certaines zaouïas (cercles d'étudiants en théologie, sortes de monastères) cachent de précieux documents. Sans mission et sans autorité, nous n'avons pu réussir à les découvrir, alors qu'un comité d'études accrédité pourrait aboutir, dans ce sens, à des résultats d'une véritable portée scientifique.

§ 2. — *Djemaâs de douar*

Les amines des villages d'une même tribu composaient la djemaâ de douar.

Présidée par l'amine des amines, elle statuait sur les litiges intéressant plusieurs villages, questions intercommunales ou procès entre particuliers de deux tadherts différents.

§ 3. — *Medjelès*

Ce n'est que très rarement et lorsque la question posée était de la plus haute gravité, ou concernait les plus grandes familles, qu'un recours était exceptionnellement permis devant le « medjelès », cour de cassation composée de plusieurs djemaâs de douar et qui se réunissait une ou deux fois par an. A ce « medjelès » chaque tribu déléguait généralement un marabout et, de ce concile, émanait la décision suprême.

§ 4

C'est par l'institution des djemaâs que se transmettait de génération en génération l'aada ou coutume générale qui constituait la loi commune de la Kabylie et qui était essentiellement orale (1).

En outre, dans chaque village, les décisions répétées de la djemaâ municipale, finissaient par créer un usage local « arf », qui parfois était différent de la coutume générale et qui n'avait d'action que dans l'étendue du territoire de ce village (1).

Enfin chaque djemaâ de village avait son Kanoun.

Seules, la foi et l'hygiène religieuse étaient réglées par le Coran.

Section II. — **Les kanouns**

Un kanoun (2) est un règlement de police, un tarif des amendes applicables à ceux qui contreviennent à la coutume (3).

Très rarement, ces kanouns contiennent aussi des règles dépourvues de sanctions, modifiant la coutume générale sur un point de détail, par exemple indiquant les devoirs des hommes envers les femmes de leur famille (4).

---

(1) Hanoteau et Letourneux, *op. cit.*, t. II, p. 136.

(2) Du grec κανων loi, règlement. — **Morand**, *Les kanouns du M'zab*, *Rev. Alg.*, 1903, p. 14 et références citées.

(3) Hanoteau et Letourneux, *op cit.*, t. II p. 138.

(4) Henri Basset, *Essai sur la littérature des Berbères*. Les Qanoun (Thèse Alger, 1920).

Il faut donc se garder de considérer le kanoun d'un village comme l'expression de la loi commune à toute la Kabylie. Le kanoun est une manifestation de la puissance législative de chaque djemaâ ; il s'est gravé dans le souvenir des citoyens ; il est rarement écrit et pour le reconstituer, il faut, le plus souvent, demander aux okals (notables) ou aux vieillards de le réciter.

Or, Masqueray (1) remarque que le récitant a la mémoire assez fidèle pour les amendes ; qu'il se souvient plus difficilement des règles non sanctionnées et qu'en ce qui concerne les règles générales sur la limitation des droits de famille, par exemple, « il n'en énonce que deux ou trois et il peut même répondre qu'elles ne font pas rigoureusement partie du kanoun ».

De leur côté, Hanoteau et Letourneux constatent à peu d'années d'intervalle, des versions différentes d'un même kanoun, « suivant la fidélité de la mémoire des Kabyles consultés » (2).

Nous ne pouvons donc pas certifier la parfaite conformité des textes qui nous sont rapportés.

D'autre part pour 400 villages environ, Hanoteau et Letourneux n'ont pu obtenir que cinquante kanouns.

Après l'insurrection de 1871, l'autorité française a

(1) *Op. cit.*, p. 73.
(2) T. II, p. 138.

prescrit la rédaction de tous les kanouns. Il ne reste pas trace de cette enquête (1).

Plus tard, M. Sautayra, Premier Président de la Cour d'Appel d'Alger, demanda aux Juges de paix de Kabylie, de faire rédiger les kanouns de tous les villages de leur canton. Ce haut magistrat mourut avant la réalisation de ce projet de rédaction générale.

Dans son *Cours de Langue Kabyle* (2) M. Belkassem ben Sedira donne le texte (non traduit) de neuf kanouns.

Depuis lors, M. le Professeur Boulifa a publié le kanoun du village d'Adni (douar Iratène) (3).

Nous avons eu, à notre tour (4), la bonne fortune de découvrir dans les archives de la Mahakma de Tizi-Ouzou, un kanoun *inédit* applicable à toutes les djemaâs de village du douar Maatka (canton de Tizi-Ouzou), document auquel le chef du bureau arabe de cette ville a donné un caractère authentique par l'apposition de sa signature et de son sceau à la date du 31 décembre 1859. En voici la traduction (5) :

----

(1) Des recherches dans les archives militaires de l'époque permettraient peut-être d'en découvrir quelques-uns.

(2) Jourdan, édit., 1887.

(3) Recueil de mémoires et de textes publiés en l'honneur du XIVᵉ Congrès des orientalistes (Alger, 1915).

(4) Grâce aux recherches de M. le Cadi Cherchali, à la collaboration de qui nous rendons un nouvel hommage.

(5) Cette traduction est due à M. Achour Saïd, interprète judiciaire à Tizi-Ouzou et à M. le Cadi Cherchali.

« Louange à Dieu ! à lui seul !

« Que Dieu répande ses bénédictions sur notre Seigneur Mohammed !

« Kanoun ayant pour objet d'unifier la jurisprudence des djemaâs, d'après les coutumes en usage, depuis longtemps, dans la tribu des Maatkas.

1. — « Chaque village doit être pourvu d'un amin et de plusieurs tamens. Ces représentants désignent ensuite un amin pour toute la tribu. Cet amin des amines choisit lui-même des tamens pour toute la tribu ; ces tamens sont sous ses ordres directs.

« Aucun différend ne peut être tranché en dehors de lui. Toutes les fois qu'une des djemaâs de village inflige une amende à quelqu'un, l'amine de la tribu peut augmenter cette amende et la porter au triple.

« Sa décision, dans les différends qu'il règle, est définitive ; personne ne peut en prononcer l'annulation.

2. — *De la Chefaâ.* — « La Chefaâ s'exerce sur les immeubles indivis et ceux possédés par des frères.

« Lorsqu'un copropriétaire vend ses droits sur un immeuble indivis entre lui et un mineur, la vente ne devient définitive qu'un an après la majorité de ce mineur. Ce dernier peut, à tout moment, avant l'expiration de ce délai, sans qu'aucune objection puisse lui être faite, reprendre son bien (1) ».

---

(1) Le délai d'exercice du droit de Chefaâ ne court pas contre les mineurs (Alger, app. mus., 4 mars 1879 et 6 juin 1888. Robe 1889, 303. — Alger, Chambre de Revision. mus., 10 juillet 1920. Robe 1921, 82). Il en est ainsi même en Kabylie, sous l'empire du Décret du 1er août 1902. Toutefois, si le tuteur a laissé passer le délai réglementaire sans exercer, au nom de son pupille, le droit de retrait, il ne peut plus user de ce droit tant que dure la minorité du pupille, qui, dès lors, conserve seul la faculté d'exercer la chefaâ, s'il le juge convenable, à sa majorité et dans le délai réglementaire à compter du jour où il aura eu connaissance de la vente. Même arrêt du 10 juillet 1920, précité.

Un nouvel et récent arrêt de la Cour d'Appel d'Alger (Chambre de Revision mus.), du 11 juin 1921, *inédit (aff. Mounir c. Zouïs)* confirme pleinement cette jurisprudence :

« Attendu dit cet arrêt, que suivant acte dressé le 20 juillet 1903 par le Cadi notaire de Tizi-Ouzou, Zouis Ali, copropriétaire par moitié avec Zouïs Saïd, fils mineur de son frère, d'une maison et de deux pièces de terre, a vendu sa part indivise à Mounir Si Mohamed moyennant le prix de six cents francs ;

« Que devenu récemment majeur Zouïs Saïd a introduit devant le Juge de Paix de Tizi-Ouzou contre Mounir Saïd, héritier de Mounir Si Mohammed, une action tendant à exercer la Chefaâ sur les immeubles faisant l'objet de l'acte de vente du 20 juillet 1903 ; que le Juge de Paix a fait droit à sa demande ;

« Attendu que sur appel interjeté par le défendeur le Tribunal de Tizi-Ouzou a, par jugement du 25 novembre 1920, réformé la décision entreprise ; que les juges d'appel ont estimé que le législateur, en établissant la tutelle kabyle et en reconnaissant au tuteur le droit d'exercer la Chefaâ pour ses pupilles, avait manifestement voulu mettre fin aux abus pouvant résulter de la suspension des délais d'exercice de la Chefaâ pendant la

4

minorité des ayants droit ; qu'appliquant cette interprétation à l'espèce, ils en ont conclu que la nommée Boughar Fatima, mère et tutrice de l'intimé, qui avait qualité pour exercer le droit de Chefaâ au nom de son pupille, ne l'ayant pas fait dans les délais impartis, il serait illogique d'admettre que Zouïs Saïd pût prétendre exercer ce droit à sa majorité, après l'expiration des susdits délais ; qu'ils ont en conséquence débouté l'intimé de sa demande de Chefaâ ;

» Attendu que M. le Procureur Général, usant du droit que lui confère l'article 52 du décret du 25 mai 1892, s'est régulièrement pourvu, le 8 janvier 1921, contre la décision du tribunal de Tizi-Ouzou, qu'il juge contraire aux principes des droit et coutumes qui régissent les indigènes musulmans ; que la matière est sans conteste une de celles que prévoit limitativement l'article précité ; que le délai fixé par le même article a été observé ;

» Attendu que le principe qui domine la question dans les coutumes kabyles est formulé comme suit par Hanoteau et Letourneux (t. II, p. 409) :

« Le mineur peut user de la préemption à sa majorité, dans le cas où son tuteur aurait lésé ses intérêts, soit par négligence, soit par connivence avec l'acquéreur » ;

» Que cette règle est aussi d'ailleurs celle du droit musulman ; qu'ainsi Sautayra et Cherbonneau (t. II, n° 791) après avoir indiqué les délais dans lesquels, suivant les cas, doit être exercée la Chefaâ, ajoutent : « Ces délais ne courent pas contre les mineurs, les incapables, les absents », qu'elle a été consacrée par plusieurs arrêts de la Cour d'Alger, notamment celui du 4 mars 1879 (Robe, 1889, p. 303) et celui tout récent du 10 juillet 1920 ;

» Attendu que l'article 13 du décret du 1er août 1902, qui réglemente la tutelle en Kabylie est ainsi conçu :

« Le tuteur peut percevoir les fruits et revenus des biens des mineurs... exercer tous droits de Chefaâ et défendre aux instances engagées contre son pupille » ;

» Qu'on peut admettre a priori que lorsqu'une loi organise la tutelle, elle est faite dans l'intérêt des mineurs ; qu'il n'est donc pas possible d'interpréter l'article précité comme l'a fait le Tribunal de Tizi-Ouzou, en ce sens que les mineurs seront désormais privés du droit que leur accordait la coutume ;

» Attendu donc que si le décret de 1902 donne au tuteur le droit d'exercer la Chefaâ, c'est manifestement dans l'intérêt du mineur, pour permettre, par exemple, le cas échéant, l'exercice du retrait dont la nécessité peut s'imposer, malgré l'état de minorité de l'ayant droit ; c'est autrement dit, pour donner au mineur un avantage de plus, et non certainement pour lui enlever celui qu'il possédait auparavant ;

» Attendu que s'il est vrai que la faculté pour le mineur d'exercer le droit de Chefaâ à l'époque de sa majorité peut créer parfois une situation juridique fâcheuse par ce qu'elle laisserait en suspens pendant un délai souvent très long des intérêts pouvant être considérables, il y a lieu de considérer, comme dit justement l'arrêt précité du 10 juillet 1920, que cet inconvénient doit apparaître comme négligeable par rapport à celui qui résulterait de la situation contraire, c'est-à-dire l'impossibilité pour le mineur de réparer le préjudice pouvant résulter pour lui du défaut d'exercice par son tuteur du droit de Chefaâ dans les délais légaux, quelle que fût la cause de l'abstention et plus spécialement en cas de collusion de ce tuteur avec les acheteurs de parts indivises ;

» Attendu que la solution adoptée par les juges d'appel est d'autant moins admissible que le cas est résolu par le droit musulman lui-même ; que Sidi Kalil (cité par Sautayra et Cherbonneau, t. II, n° 791) lorsqu'il y a un tuteur qui avait le droit d'exercer la Chefaâ et qui ne l'a pas fait, n'hésite pas, malgré cette abstention, à autoriser le mineur à exercer son droit quand il sera devenu majeur ;

» Par ces motifs : Reçoit comme régulier en la forme le pourvoi de M. le Procureur Général ; Au fond, le déclare bien fondé ; Annule en conséquence le jugement rendu le 25 novembre 1920, entre les parties, par le Tribunal de Tizi-Ouzou ;

« L'absent peut exercer la Chefaâ sur sa part et sur celles de ses frères, même si sa part sur ces immeubles est infime. Toute vente faite en pareil cas, ne devient définitive que trois jours après le retour de l'absent (1) ».

Adoptant le dispositif du Juge de Paix de Tizi-Ouzou en date du 30 juillet 1920, frappé d'appel et à tort réformé : Accorde le droit de Chefaâ à Zouis Saïd sur les immeubles désignés dans l'acte de vente du 20 juillet 1903 contre paiement par lui au défendeur de la somme de 675 francs plus les loyaux coûts de l'acte » ;

M. Granval, président ; M. de Barrastin cons. rapp., M. Norès subt. du proc. gén. concl. conformes ; MM^{es} Broussais et de Maisonseul, av.

(1) Ce délai de trois jours ou même de huit jours, selon divers kanouns kabyles, ne concerne que les intéressés présents au pays. Même pour ces derniers, ce délai n'est opposable qu'à ceux qui ont assisté à la vente ou qui en ont eu connaissance et ne saurait être étendu à tous les ayants droit à la Chefaâ. C'est au vendeur qu'il appartient de le faire courir en informant les intéressés de la vente et de faire la preuve qu'il a réellement porté cette vente à la connaissance du maître de la Chefaâ ou que celui-ci en a eu réellement connaissance, Alger, Chambre de Revision mus., deux arrêts des 29 novembre 1919 (aff. Sbili) et 8 novembre 1920 (aff. Haddad) réformant deux jugements, rendus en appels kabyles, par le Tribunal de Tizi-Ouzou, dont la jurisprudence avait été jusqu'alors contraire à celle qui paraît avoir été définitivement adoptée par la Chambre de Revision.

Première espèce : arrêt du 29 novembre 1919 (M. Debrach, président) Sbili Morsli c. Morsli ;

» La Cour : Attendu que le pourvoi est régulier et recevable en la forme ; — Au fond : Attendu, qu'il est fait grief au jugement attaqué d'avoir décidé, d'une façon générale, que le droit de Chefaâ, doit, à peine de nullité, être exercé dans les trois jours de l'aliénation ;

» Attendu que ce délai de trois jours ou même de huit jours selon les divers kanouns kabyles ne concerne que les intéressés qui ont assisté à la vente ou qui en ont eu connaissance et ne saurait être étendu à tous les ayants droit à la Chefaâ ;

» Attendu que c'est au vendeur qu'il appartient de le faire courir en informant les intéressés de la vente et de faire la preuve qu'il a réellement porté cette vente à la connaissance du maître de la Chefaâ selon l'expression kabyle ou que celui-ci en a eu réellement connaissance ;

» Attendu qu'il n'apparaît pas des pièces versées aux débats et ne résulte pas davantage des constatations du jugement attaqué que le vendeur Morsli Mohammed se soit conformé à cette obligation en faisant connaître la vente par lui consentie, le 15 août 1918 à Sbili Morsli ben Mohammed, suivant acte du cadi de Bordj-Ménaïel, ni que les deux retrayants successifs, savoir : le propre frère du vendeur et Morsli Saïd ben Belkacem, le retrayant actuel, aient été présents à la passation de l'acte ou en aient eu connaissance ;

» Attendu qu'il est constant, en fait, que le premier retrayant s'étant désisté de sa demande de retrait, le 28 août, Morsli Saïd ben Belkacem a repris pour son compte, le 30 du même mois, ladite demande qu'il ne pouvait former plus tôt, dès lors que son action se trouvait primée par celle d'un plus proche parent du vendeur, le propre frère de ce dernier ;

» Attendu qu'en ce faisant, Morsli Saïd a agi dans le délai de la coutume kabyle (V. Hanoteau et Letourneux, *Droit Kabyle*, t. II, p. 406 et 407) et qu'en décidant le contraire, le jugement attaqué a violé les principes qui régissent l'exercice du droit de Chefaâ selon les coutumes kabyles ;

Qu'il échet donc d'annuler ladite décision et d'ordonner que le jugement de M. le Juge de Paix de Bordj-Ménaïel qui a déclaré la demande de retrait formée dans le délai utile, sera exécuté selon sa forme et teneur ;

» Par ces motifs : Reçoit le pourvoi en la forme ; Au fond : Annule le jugement du Tribunal de Tizi-Ouzou, comme contraire aux principes qui régissent les indigènes musulmans en matière de Chefaâ ; évoquant, en vertu de l'article 55 du décret du 25 mai 1892, dit et ordonne que le jugement du Juge de Paix de Bordj-Ménaïel, en date du 8 novembre 1918 sera exécuté en sa forme et teneur. Dit et ordonne que par les soins de M. le Procureur Général, le présent arrêt sera transcrit sur les registres du Tribunal de Tizi-Ouzou, à la suite ou en marge du jugement annulé.

M. Ladureau, cons. rapp. ; M. Poinsier, av. gén. ; Mᵐᵉ Hugues et Basset, av.

Deuxième espèce : Alger, Ch. Revis. mus. (8 novembre 1920) M. Debrach, prés. (Haddad c. Haddad).

La Cour : Vu le pourvoi de M. le Procureur général en date du 12 juillet 1920 ; Attendu que par acte du cadi-notaire de Tizi-Ouzou du 27 avril 1917 Hadad Essaïd a vendu à Haddad Ali ben Amar moyennant le prix de deux mille francs une parcelle de terre sise au douar Beni-Chenacha ; Que suivant un autre acte du 1ᵉʳ mai 1919 reçu le cadi de Bordj-Ménaïel, Haddad Ahmed a déclaré vouloir exercer le droit de Chefaâ auquel son père, premier retrayant, avait renoncé ; — Qu'il citait le même jour l'acheteur devant le Juge de Paix de Bord-Ménaïel pour entendre déclarer régulier l'exercice de son droit de Chefaâ et valables les offres faites par lui de rembourser le prix de vente et les loyaux coûts du contrat ;

» Attendu que par jugement du 10 juillet 1919 confirmé sur appel par le Tribunal de Tizi-Ouzou, le 20 mai 1920, M. le Juge de Paix a rejeté la demande de Haddad Ahmed comme tardive, le droit de Chefaâ n'ayant pas été exercé dans les délais fixés par les coutumes kabyles ;

» Attendu, en droit, que si le délai pour exercer la Chefaâ est de trois jours ou même de huit suivant certaines coutumes

« Le mineur ne peut toutefois, exercer la chefaa que sur l'immeuble sur lequel il possède des droits, si minimes soient-ils.

3. — *De la transaction.* — « Au cas où, à la suite

---

kabyles, ce délai ne concerne que les intéressés qui ont assisté à la vente ou qui en ont eu connaissance ; qu'il appartient au vendeur de faire courir ce délai en informant les intéressés de la vente et de faire la preuve qu'il a réellement porté cette vente à la connaissance du maître de la Chefaâ ou que celui-ci en a eu réellement connaissance ;

» Attendu qu'il n'apparait pas des documents versés aux débats ni des constatations du jugement attaqué, que le vendeur se soit conformé à cette obligation ;

» Attendu d'autre part, qu'il est constant en fait qu'à l'époque de la vente, Haddad Ahmed, mobilisé, faisait courageusement son devoir sur le front où il a été grièvement blessé en octobre 1917 et qu'il n'est rentré définitivement à son douar après avoir passé par le centre de rééducation des mutilés de Kouba, qu'en avril 1919 ;

» Attendu qu'en formant sa demande le 1er mai, c'est-à-dire dès qu'il a été à même de connaître, par ses propres moyens, la vente du 27 avril 1917, Haddad Ahmed a agi dans le délai de la coutume Kabyle et qu'en décidant le contraire, le jugement attaqué a violé les principes qui régissent le droit de Chefaâ selon les coutumes Kabyles ;

» Par ces motifs : Reçoit le pourvoi comme régulier en la forme ; Le déclare fondé, en conséquence annule le jugement entrepris ; Évoquant et statuant au fond, déclare régulier l'exercice par Haddad Ahmed de son droit de Chefaâ sur la vente du 27 avril 1917 et valables les offres faites à la barre de Juge de Paix de Bord-Ménaïel. »

M. Chambre cons. rapp. ; M. Norès, subst. du proc. gén. ; Me Morel, av. ».

d'une difficulté survenue entre plusieurs personnes, des gens de bien et des notables interviennent et mettent fin au différend par une transaction amiable, cette transaction est définitive et ne peut plus être annulée. Quelle que soit l'importance du litige et quand même les parties intéressées seraient d'accord pour revenir sur les termes de cette transaction, rien n'y peut être changé.

4. — *De la procuration.* — « La procuration est permise dans toute la tribu. Si une personne donne pouvoir à quelqu'un de la représenter en justice, le mandataire exerce son mandat sans qu'on puisse l'en empêcher.

5. — *Des marabouts.* — « Nos ancêtres faisaient une distinction entre les marabouts suivant le degré de leur piété et de leur instruction.

« Ceux qui sont des gens de bien et de paix, nous les respectons, nous considérant comme leurs serviteurs.

« Ceux qui, au contraire, sont impies ou se conduisent mal, nous n'avons pour eux aucune considération ; nous les soumettons à la loi commune et ils sont traités comme le commun des Kabyles, sans égards spéciaux.

6. — *De l'aumône.* — « Si quelqu'un fait don à la tribu ou à la djemaâ d'un immeuble ou de tout autre

bien — qu'il promette sa libéralité en présence de témoins et en fasse la délivrance — ce don est acquis définitivement.

« Si, au contraire, le donateur se ravise avant l'exécution de sa promesse et l'annule (en présence de ceux qui en avaient été témoins ou de tous autres) sa donation devient caduque.

7. — *Du mariage.* — « C'est au parent aceb le plus proche, en sa qualité de « ouali », qu'il appartient d'accorder en mariage une fille vierge, qu'elle ait ou non atteint l'âge de la puberté.

« Quand à la femme qui a cessé d'être vierge, c'est elle-même qui dispose de sa personne, comme elle l'entend ; elle est libre d'épouser qui bon lui semble, même sans aucune dot.

8. — « *Il est permis de faire, par voie de donation ou de hobous, en faveur de certaines parentes, filles, sœurs ou autres femmes, des libéralités portant sur des animaux ou sur d'autres biens meubles ou immeubles ; personne ne peut les en priver.*

9. — « La femme répudiée ou devenue veuve après avoir été chassée, par son mari, du domicile conjugal, n'a droit à rien en fait d'héritage.

« Elle perd même ses droits sur les biens dont ses parents ont pu lui faire donation et qu'elle a emportés chez son mari le jour de son mariage. Ces biens sont devenus la propriété de son mari par le fait du mariage.

« Cette règle ne subit d'exception que dans le cas où ces objets ont été seulement prêtés à la femme ou lui ont été donnés deux, trois jours ou plus après la consommation du mariage. Alors ces biens sont la propriété de la femme, et personne ne peut les lui enlever.

10. — « En cas de querelle celui qui, pour frapper son adversaire, se sert d'un fusil (même si le coup rate ou n'atteint pas son but), d'un sabre, d'un poignard, d'une hachette ou d'une faucille, est passible d'une amende de 15 réaux ; celui qui se sert d'un bâton ou d'une pierre, 5 réaux ; celui enfin qui ne se sert que de ses mains, un quart de réal.

11. — Lorsqu'une femme est mariée par son ouali et que ce dernier, conformément à la coutume, touche sa dot, la femme ne peut rien lui réclamer de cette dot s'il remplit vis-à-vis d'elle tous ses devoirs. Mais s'il rompt avec elle toute relation, s'il ne lui fait plus rien parvenir et n'accomplit aucune de ses obligations, la femme peut révoquer son ouali en présence de notables et exiger de lui restitution de la totalité de ce qu'il s'était attribué sur le montant de sa dot.

12. — « En cas de désaccord entre un mari et ses beaux-parents, il peut arriver que le frère ou le père de

l'épouse enlève cette dernière du domicile conjugal :
si le mari va chercher sa femme et obtient son retour
toute difficulté est aplanie.

Mais si, malgré son insistance, le mari n'obtient
pas satisfaction, il peut, à son choix, prendre deux
décisions : 1° Ou bien il répudie son épouse et il peut
alors exiger le remboursement intégral de la dot et
des objets de valeur qui en faisaient partie, tels que
bijoux et vêtements de soie. Il ne laissera à cette
femme que le strict nécessaire pour se vêtir : une
melhafa, une ceinture et un mouchoir de tête ;

2° Ou bien il laisse son épouse chez les parents de
celle-ci et alors il conserve l'autorité maritale en ce
sens que la femme ne pourra se remarier qu'après
qu'elle aura obtenu, de son mari, sa répudiation vo-
lontaire.

Sur sa demande, la femme peut toujours faire
cesser son état d'insurrection et demander à rentrer
au domicile conjugal sans que le mari puisse s'opposer à la reprise de la vie commune.

13. — « Les femmes n'héritent de rien, pas plus de
leurs parents que de leur mari.

« Cette règle s'applique aussi bien aux femmes
originaires de notre tribu, qu'à celles qui y sont
étrangères et qui seraient mariées chez nous car,
de tout temps, nous n'avons ni donné ni accepté
d'héritage (sic).

« Toutefois, la femme répudiée, veuve ou en état d'insurrection doit être reçue par ses parents qui lui doivent le logement, l'habillement et la nourriture. Si ses parents se refusent à accomplir ce devoir, la tribu intervient et ne cesse d'exercer sa pression sur eux jusqu'à ce qu'ils se décident à prélever, sur la succession du père de la femme, ce qui est nécessaire à cette dernière pour son entretien, à dire d'experts.

14. — « Chaque femme doit s'habiller suivant la situation de fortune, le rang ou l'amour-propre de son mari ou de son ouali.

« Un homme riche ou vaniteux ou aimant à faire parler de lui est libre d'acheter à sa femme ce qu'il veut et même de la couvrir d'or, d'argent et de soieries.

Tel autre, au contraire, soit parce qu'il est pauvre ou avare ou sans dignité, habillera la sienne à sa volonté ; il peut même, s'il lui plait, la laisser nue, sans que personne n'ait le droit de s'immiscer dans son ménage.

15. — « En cas de vol commis dans un jardin, une vigne, un verger ou un rucher, si le délit est commis de jour, la victime reçoit, comme réparation, l'équivalent de ce qui lui a été soustrait ou l'objet volé lui-même, à la condition d'avoir des témoins ou de s'être saisi de la personne du voleur ou d'avoir trouvé sur lui

une pièce à conviction. A défaut de ces preuves, la victime peut être admise à prêter serment qu'elle a été réellement victime de ce vol.

Le vol commis en plein jour est puni, en outre, d'une amende de cinq douros au profit de la djemaâ.

Les mêmes règles s'appliquent au vol commis pendant la nuit, mais l'amende encourue par le délinquant est la même qu'en matière de meurtre, soit dix douros.

Celui qui tue un voleur ou un homme trouvé en flagrant délit d'adultère ou un coupeur de route ne doit aucune dia (prix du sang) et ne mérite aucune vengeance. La djemaâ ne perçoit pas d'amende de la victime.

Si le propriétaire du logis a manqué le malfaiteur ou l'a seulement blessé, à condition que le vol soit prouvé, la réparation due à la victime de ce vol est celle déjà indiquée ; mais l'amende due à la djemaâ est alors portée à vingt-cinq douros.

16. — « Celui qui tue son frère ou son aceb pour recueillir sa succession voit la totalité de ses biens, réunis à ceux de sa victime, attribuée à la djemaâ de la tribu, à titre d'amende.

17. — « Celui qui se rend coupable de viol ou de tentative de viol est passible d'une amende de 25 douros.

18. — « Est passible de 25 douros d'amende le mari

qui accepte, moyennant finance, de retirer sa plainte en adultère contre le complice de sa femme ; ou celui qui, n'ignorant rien de l'adultère de son épouse, accepte la situation et se.contente, pour reprendre sa femme au domicile conjugal, de simples dénégations de celle-ci.

« Si, au contraire, dans le cas qui précède, le mari répudie sa femme il n'est alors passible d'aucune amende ; c'est le complice de sa femme qui encourt seul cette peine.

« C'est de Dieu que nous attendons l'appui.

« Copie du 19 décembre 1859, correspondant au 24 djoumad El ouel, 1276 de l'hégire

« Tizi-Ouzou, le 31 décembre 1859. Le capitaine chef du bureau arabe, signé : Illisible. Sceau du Bureau arabe de Tizi-Ouzou. »

Ce Kanoun ne diffère pas sensiblement de ceux recueillis par Hanoteau et Letourneux ou par M. Boulifa.

« On ne saurait voir dans de pareils documents une rédaction exacte et surtout complète des coutumes berbères, mais ils fournissent des renseignements importants sur les institutions locales. Il serait erroné de les prendre pour l'œuvre consciente d'une volonté législatrice unique. Ce ne sont pas plus des conventions adoptées d'emblée et de propos délibéré par l'ensemble des citoyens, que sorties en une fois du génie d'un légisiateur. Ils se sont formés petit à petit, au hasard des circonstances (1) ». D'où leur incohérence et leur caractère essentiellement changeant évolutif.

Enfin et surtout, ils ne sont pas uniformes et telle règle, vraie pour un village, ne l'est plus pour le tadhert voisin.

____

(1) Henri Basset, thèse citée.

CHAPITRE IV

A quelles sources puisent nos tribunaux pour appliquer les coutumes berbères ?
L'œuvre d'Hanoteau et Letourneux

Nous venons de voir que les coutumes berbères élaborées par les djemaâs, sous la pression populaire, s'étaient conservées dans ces mêmes djemaâs et se retrouvaient, en partie, dans les kanouns.

Mais nous avons vu aussi que relativement peu de kanouns sont parvenus jusqu'à nous et que les seuls documents que nous possédons, émanant des djemaâs, sont des registres postérieurs à 1857 et qui ne paraissent pas avoir été dépouillés jusqu'à ce jour.

Nos tribunaux appliquent cependant tous les jours, dans des procès de plus en plus nombreux, touchant à des intérêts parfo s considérables, les coutumes berbères.

A quelles sources puisent donc ces tribunaux pour fixer la vérité légale en matière coutumière ?

Ils s'en réfèrent à peu près uniquement à l'ouvrage dont le Général Hanoteau et M. Letourneux, Conseiller à la Cour d'Appel d'Alger, ont terminé le manuscrit en septembre 1868 et qu'ils ont publié en 1873, en trois volumes, sous le titre : « La Kabylie et les coutumes kabyles ».

Ces savants auteurs nous ont laissé les résultats de la vaste et consciencieuse enquête à laquelle ils se sont livrés sur les traditions berbères.

A l'époque et dans les circonstances où cètte enquête était faite, il eût été difficile d'accomplir une œuvre plus considérable.

Mais Hanoteau et Letourneux seraient bien surpris s'il leur était permis de voir aujourd'hui l'importance qui a été donnée à leur consultation.

Leur second volume, notamment, est considéré comme un véritable Code Berbère dont les tribunaux font une application rigoureuse, à la lettre. Trop souvent la jurisprudence a considéré comme admises dans toute la Kabylie, des règles coutumières qui ne l'étaient que dans quelques villages. Hanoteau et Letourneux ont été mal interprétés par ceux qui s'en sont tenus à une lecture superficielle de leur ouvrage et qui ont cru se trouver en face d'une rédaction définitive de la coutume.

C'est une entreprise hardie que la rédaction de coutumes.

A Rome, jusqu'à la Loi des XII Tables, le droit a été exclusivement non écrit (jus non scriptum), les Romains vivaient sous l'empire de la coutume (mos majorum), « d'usages formés par un travail anonyme inconscient » (1).

C'est à l'initiative de la plèbe et de ses tribuns qu'a été dû l'événement le plus important pour l'histoire du Droit Romain du premier siècle de la République : la codification du droit coutumier. Les difficultés en furent grandes (2).

Pendant la période du Principat (3), la coutume reste une source de droit en pleine vigueur, « *également apte à créer du droit nouveau et à effacer du droit existant* ».

---

(1) F. Girard, *Droit Romain*, p. 15.

(2) Les Plébéiens accusaient les Patriciens de profiter à leur encontre de l'incertitude et de l'obscurité inhérentes à toute législation non écrite. Afin d'y remédier, le tribun TERENTILIUS Arsa proposa, en l'an 292, la nomination d'une commission de cinq membres chargée de rédiger un code selon lequel serait rendue la justice. Le Sénat résista, en refusant son assentiment préalable au projet de résolution de TERENTILIUS Arsa. Mais la plèbe tint bon en renommant pendant huit ans les mêmes tribuns, et après avoir essayé de la désarmer par d'autres concessions, le Sénat finit, en l'an 300, par consentir à une transaction. Il devait être élu par les centuries, pour rédiger ces lois, une commission de dix membres, les decemviri legibus scribendis. Les élections furent d'ailleurs précédées par l'envoi en Grèce d'une commission de cinq membres chargée d'étudier les lois helléniques. (Même ouvrage, p. 22).

(3) De 27 avant J.-C. à l'avènement de Dioclétien, en l'an 284.

Ce n'est guère qu'avec Constantin (1), que la coutume est dépouillée du pouvoir d'abroger le droit existant (2).

. **

Dans l'ancien droit français, cette grande opération de la rédaction des coutumes fut prescrite sous Charles VII (3) ; mais elle ne fut commencée que sous Charles VIII et même la plupart des rédactions de coutumes datent du 16ᵉ siècle (4) ;

Elle fut grandement facilitée par ce fait, qu'elle était effectuée par des Français en France ; dans chaque province, par des gens de loi de cette province, puisant autour d'eux à pleines mains, aux sources encore vives de ces coutumes. Par dessus tout, ces rédacteurs n'avaient qu'à compulser la jurisprudence pour en extraire la vérité légale et écrite.

Malgré ces facilités, la première rédaction, fut longue et dut être revisée.

**

Comment Hanoteau et Letourneux auraient-ils pu songer à entreprendre une œuvre pareille en Kabylie ?

____

(1) Girard, *op. cit.*, p. 50.
(2) Girard, *op. cit.*, p. 72, note 3.
(3) Ordonnance de Montils-les-Tours, du 17 avril 1453.
(4) Planiol, 3ᵉ édit., Tome I, p. 5.

Leur manuscrit fut terminé en septembre 1868, neuf ans seulement après la conquête.

C'est donc presque sous les pas de nos soldats qu'ils recueillaient leurs renseignements.

Ils ne devaient pas compter sur l'esprit communicatif des notables et des marabouts hostiles à notre cause.

Il leur était impossible d'avoir recours à l'expérience de magistrats Français ayant pénétré le pays.

Ils avaient à leur disposition les kanouns qu'ils ont rapportés, précieux certes, mais dont ils disent euxmêmes qu'il ne faut les interroger qu'avec prudence et d'infinies précautions (1).

Ils ont étudié la coutume générale (aada), l'usage local (arf), les rares applications civiles du Coran, ces trois sources de la coutume (2), en véritables savants.

Mais les puissantes familles indigènes acquises à notre cause et qui leur prodiguaient les renseignements, avaient intérêt à grandir le rôle des marabouts et des chefs aux dépens de celui des djemaâs populaires (3).

Nous y avons perdu ne n'avoir pas, dans cet

------

(1) T. II, p. 138.

(2) T. II, p. 136.

(3) M. Luc, *Le Droit Kabyle* (thèse, Toulouse, 1911, p. 39 et suiv.), cite sur ce point des noms et des faits précis.

ouvrage, célèbre à juste titre, une analyse approfondie de l'œuvre accomplie par ces djemaâs dans la législation et dans la jurisprudence Berbères.

Loin de nous la pensée d'entreprendre la critique de maîtres que nous admirons en lecteur passionné et reconnaissant.

Mais puisque nous demandons la reprise des études berbères, encore faut-il qu'on nous excuse d'écrire que tout n'a pas été dit sur la matière (1) et surtout que, depuis 1868, cinquante-trois ans ont passé modifiant les hommes et les choses.

Depuis un demi-siècle, la coutume s'est cristallisée, de telle sorte que, ce qui n'était qu'une phase de la civilisation kabyle, avant 1868, menace d'en devenir le terme. Il est grand temps de rechercher le moyen légal qui permettra aux berbères de rajeunir leurs vieilles traditions.

---

(1) Estoublon, *Mariages musulmans et Kabyles, Rev. Alg.,* 1892, p. 86 ; M. Boulifa, *Recueil de poésies kabyles,* Alger 1904. I ntroduction, p. 38,

CHAPITRE V

Comment, aujourd'hui, enregistrer la coutume nouvelle à son apparition ?

———

Le culte de la tradition, chez les Kabyles, ne va pas jusqu'à l'immobilité. « La porte reste ouverte, disent Hanoteau et Letourneux (1), aux réformes reconnues utiles, et il n'est pas rare de voir une décision de la djemaâ abroger des prescriptions surannées, pour leur substituer un règlement en harmonie avec les besoins nouveaux. *Cette disposition des esprits à accepter des innovations dans ses usages est un des traits essentiels qui distinguent la race berbère* ».

Qu'allait-il donc advenir après la disparition de ces djemaâs ?

Le législateur de 1874 n'a pas songé qu'en supprimant cette institution, il arrêtait net — non pas l'évolution des mœurs qui est inéluctable — mais la

———

(1) T. II, p. 8.

transformation correspondante de la loi coutumière. Lorsque la justice était rendue par les djemaâs, celles-ci, imprégnées des mœurs qu'elles vivaient, homologuaient les coutumes nouvelles au fur et à mesure de leur apparition. C'était le consentement général, le *mos majorum*, qui recevait sa sanction dans chacun des jugements rendus par ces tribunaux du peuple.

Mais, privés de leurs djemaâs de justice, les Kabyles n'ont plus aucun moyen de faire apparaître et sanctionner leurs volontés réformatrices, de rajeunir les règles coutumières anciennes que nous persistons à leur imposer au nom de leur indépendance.

Les djemaâs actuelles ne sont plus que des assemblées municipales, rarement consultées et dont les pouvoirs, exclusivement administratifs, limitativement énumérés, ne comportent aucune attribution judiciaire (1).

Le législateur de 1874 semblait avoir voulu parer à cet inconvénient en plaçant auprès des juridictions françaises, des assesseurs kabyles, témoins officiels de la coutume. Mais ces derniers ont été supprimés par le Décret du 17 avril 1889 (art. 76).

Appartient-il donc à nos tribunaux d'enregistrer la

____

(1) Loi, 1ᵉʳ août 1918, Décret du 6 février 1919.

coutume nouvelle à son apparition et de lui donner force de loi ?

Oui, semble dire un arrêt, remarquable à plusieurs titres, rendu le 11 juin 1919 par la Cour d'appel d'Alger (1), « le droit coutumier étant revisable, quand il se montre trop contraire au droit naturel » et la Cour aurait pu ajouter : au consentement actuel des populations intéressées.

A Rome, en face du droit civil, se dressait le droit prétorien ou droit honoraire établi pour seconder, compléter ou corriger le droit civil (2).

Cependant, à la différence des lois, les édits des magistrats ne pouvaient ni abroger une règle de droit, ni en créer une nouvelle ; ils pouvaient seulement aboutir pratiquement au même résultat, par l'exercice fait par eux du pouvoir spécial d'organiser les procès, que leur avait conféré la loi Aebutia (envois en possession, stipulations, interdits, formuloe, edicta. etc..) (3).

De nos jours, le magistrat ne peut ni compléter ni surtout corriger le droit civil, puisque sa mission

---

(1) Chambre de Révision musulmane : M. Lacaze, Président — Robe, 1920, p. 50.

(2) Jus prœtorium est, quod prœtores introduxerunt adjuvandi vel corrigendi juris civilis gratia propter utilitatem publicam, (Papinien).

(3) **Girard**, *op. cit.*, p. 38.

consiste au contraire à faire respecter le texte de nos codes.

Mais, en droit kabyle, nous pouvons légalement demander à nos tribunaux de s'emparer d'une coutume nouvelle, de constater l'évolution d'une coutume ancienne, de corriger ce qui, jusqu'alors, était considéré à tort comme la véritable tradition.

Dans notre ancien droit, avant qu'elles fussent consacrées par un texte officiel, les coutumes contro-versées se résolvaient au « *parloir aux bourgeois* », où s'assemblaient le prévôt des marchands, les officiers municipaux et les principaux bourgeois. On recourait aussi à « *l'enqueste par tourbe ou turbe* » (turba, foule), c'est-à-dire qu'on assemblait une sorte de tribunal composé des notables de la localité, qui venaient attester que telle était ou n'était pas la coutume.

Les juridictions françaises pourraient, semble-t-il, employer des procédés analogues, en Kabylie.

Mais la doctrine (1) proteste déjà contre l'attribution qui serait faite aux tribunaux, de ce droit de révision de la coutume qui n'appartient, dit-elle, qu'au législateur.

Les justiciables kabyles peuvent-ils, au moins, en appeler aux pouvoirs publics ?

---

(1) **Note sous l'arrêt du 11 juin 1919, Robe 1920, p. 50.**

Ils l'ont tenté dans une occasion qui donne une singulière force à notre affirmation que la mentalité kabyle a évolué.

Dans un grand nombre de tribus, notamment dans les douars Beni Flick et Yazzouzen de la commune mixte d'Azeffoun (Port-Gueydon) la coutume (rapportée par Hanoteau et Letourneux) (1) voulait que la veuve restât, suivant l'énergique expression kabyle, « pendue » (*taâllak'ith*) à son mari et fit partie de sa succession. Les héritiers du mari disposaient donc de cette veuve jusqu'à pouvoir la vendre, sans son consentement, à un nouveau mari.

Un jour vint où le sentiment modernisé des Berbères leur fit apparaître tout ce que cette tradition avait d'odieux et ils résolurent de l'abroger.

Mais quelle procédure adopter pour réformer cette coutume ? La djemaâ législative et judiciaire a disparu ; quant à la djemaâ de douar reconstituée par l'Arrêté du 11 septembre 1895, elle n'a qu'une compétence limitativement déterminée par l'article 14 à des matières purement administratives (2).

Le 22 juin 1902, la section kabyle de la délégation financière indigène adopta un vœu tendant à ce que « l'Administration » fasse disparaître cette coutume.

------

(1) Tome II, p. 156.

(2) L'art. 11 du décret du 6 février 1919 est également limitatif.

Une enquête fut ouverte (1) et aboutit à une Instruction du Gouverneur Général du 13 juillet 1903 (2), enjoignant à M. l'Administrateur de la Commune mixte d'Azeffoun de s'attacher, avec le concours des djemaâs de douar, à faire disparaître cette coutume.

C'est tout ce que, légalement, pouvait faire le Gouverneur Général.

---

(1) Rapport de M. Naudot, Juge de paix à Port-Gueydon, dont les termes furent adoptés dans l'avis de M. le Procureur Général rapporté ci-dessous.

(2) « Monsieur le Préfet (d'Alger).— Dans sa séance du 22 juin 1902, la section kabyle de la délégation financière indigène a adopté un vœu tendant à ce que l'administration fasse disparaître une coutume observée dans certains villages dés douars Beni-Flick et Yazzouzen, de la commune mixte d'Azeffoun, et suivant laquelle la veuve reste sous la dépendance absolue de la famille de son mari.

M. le Procureur Général près la Cour d'Alger, consulté au sujet de cette question, a appuyé d'un avis favorable le vœu des délégués kabyles.

« La coutume dont il s'agit, dit ce haut magistrat, est en vigueur dans tout le territoire des douars précités, à l'exception toutefois, des quatre villages Tifrit Naït-El-Hadj, Aït-bou-Sliman, Aït-Chafa et Aït-Hammad, où elle paraît n'avoir jamais été observée.

« En vertu de cette coutume, la femme veuve demeure sous la dépendance des héritiers de son mari et fait, en quelque sorte, partie de la succession du défunt. A la mort du mari, les parents de celui-ci remettent une somme, qui est généralement de vingt-cinq francs, soit au père de la veuve, soit à la veuve elle-même, et cette dernière devient pour ainsi dire leur propriété : ils disposent d'elle et, au cas où elle se remarie, touchent la dot versée par le nouveau mari. Ils peuvent la contraindre à ce nouveau mariage et, à peu de chose près, la vendre sans son consentement.

« C'est dans les familles pauvres que cette règle est observée avec le plus de sévérité. Elle tend à perdre de sa rigueur dans les familles aisées où la veuve qui a des enfants est quelquefois consultée sur le choix d'un nouvel époux. Il est à peine besoin de faire remarquer combien cette coutume aggrave la condition, déjà si dure, de la femme dans la société kabyle.

« Dans les quatre villages qui n'observent pas ce kanoun et dont tous les habitants sont d'origine maraboutique, comme d'ailleurs dans la plupart des tribus kabyles, la femme, à la mort de son mari, rentre dans sa famille. Ce n'est pas la liberté complète pour elle, puisqu'elle retombe sous le pouvoir de son père ou de ses parents, qui peuvent la remarier à leur gré et toucher la nouvelle dot ; mais, en fait, ceux-ci n'usent de leur pouvoir qu'avec modération et la plupart du temps n'obligent pas la veuve qui a des enfants ou qui a atteint un certain âge à subir une nouvelle union.

« La veuve trouve, d'ailleurs, dans sa famille, des sentiments d'affection qui constituent une garantie pour elle. Cette garantie lui fait défaut dans la famille de son mari, où elle demeure une étrangère et où l'on ne se préoccupe que de la vendre le plus cher possible.

« La coutume qui règle le sort de la veuve dans les villages de marabouts des douars Beni-Flick et Yazzouzen peut, sans inconvénient, être imposée à tous les autres villages de ces douars.

« Cette réforme étant réclamée par les notables de la Kabylie ne pourrait être considérée comme portant atteinte au statut personnel des indigènes et comme contraire à la capitulation du 5 juillet 1830 ».

J'ai l'honneur de vous informer que je donne mon entière approbation à cette proposition.

J'ai, en conséquence, l'honneur de vous prier de donner les

Dans l'impossibilité de légiférer, ce haut fonctionnaire fait simplement connaître son désir aux autorités administratives placées sous ses ordres.

Mais l'autorité judiciaire, n'est liée, elle, par aucune abrogation.

Nous revenons ainsi, par cet exemple, au vœu que nous formulions de voir les tribunaux ordonner, plus souvent, des enquêtes, sur la persistance de certaines coutumes, au lieu de continuer à s'en tenir au texte vieilli d'Hanoteau et Letourneux.

Et si ce n'était pas être trop audacieux, nous souhaiterions que cette enquête se généralisât pour aboutir, non point à un code Berbère, mais à l'élaboration d'un « *tableau clair et précis des coutumes kabyles au stade actuel de leur évolution* ».

Cette entreprise, trop considérable pour un seul, pourrait revenir à ce Comité d'Etudes Berbères dont nous préconisons la création et qui, après avoir réuni les documents nombreux que nous offre la vie judi-

---

instructions nécessaires à M. l'Administrateur de la commune mixte d'Azeffoun pour qu'il s'attache, avec le concours des djemaâs de douar, à faire disparaître la coutume dont il vient d'être parlé, et à la remplacer par celle des villages de Tifrit-Naït-El-Hadj, Aït-bou-Sliman, du douar Beni-Flik, Aït-Chafa et Aït-Hammad, du douar Yazzouzen.

Vous voudrez bien me faire connaître l'accueil qui aura été fait à cette mesure par les intéressés et me tenir au courant, le cas échéant, des incidents que son application pourrait soulever ».

ciaire et administrative de ce pays, rechercherait les moyens légaux de sanctionner le *consensus communis* actuel des Berbères algériens (1).

« La législation qui gouverne un peuple, si parfaite
« qu'à un moment donné elle puisse paraître, n'est
« jamais définitive. C'est, qu'en effet, pour être bonne,
« une législation doit être appropriée au degré de
« civilisation et à l'état social des indigènes qu'elle
« régit, ainsi qu'aux conditions ethnographiques ou
« économiques dans lesquelles ils se trouvent. Or,
« avec le temps, la race se transforme, l'état social se
« modifie, les conditions économiques changent et se

---

(1) Un Arrêté du Gouvernement local de la Côte d'Ivoire, en date du 5 mai 1903, a réorganisé la commission des coutumes indigènes en lui donnant pour mission de codifier celles de ces coutumes au sujet desquelles des éléments d'information suffisants se trouveraient réunis. Cette commission a procédé à la codification des coutumes du groupe Agni. « *Mais il ne s'agit pas là d'un Code devant être rigoureusement appliqué* ». Ce que l'on a voulu, c'est dresser un tableau clair et précis de ces coutumes *au stade actuel de leur évolution, sans arrêter les progrès de celles-ci* : (Les coutumes Agni, rédigées et codifiées d'après les documents officiels les plus récents, par Roger Villamur et Maurice Delafosse, Introduction, p. XI).

Il a été procédé également à la rédaction des Codes Laotiens (*Quinzaine coloniale*, 10 octobre 1908, p. 859 et 860. Cf. Girault. *Principes de colonisation et de Législation coloniale*, 3ᵉ édit., t. II, p. 67). *Avant-projet de Code* présenté à la Commission de codification du droit musulman Algérien, par M. Marcel Morand, p. 12, note 1. (Jourdan, éditeur, 1916).

« compliquent, la civilisation progresse ; si bien que
« la législation doit être modifiée et complétée sans
« cesse, afin de pouvoir s'adapter constamment à des
« situations nouvelles, satisfaire à des besoins nou-
« veaux (1). »

La coutume Berbère s'améliore ; la législation doit
la suivre.

De tous les indigènes algériens, les Kabyles sont les
plus aptes à se rapprocher de nous. Beaucoup
d'entre eux sont de bons élèves de nos médersas, de
nos lycées, de nos grandes écoles et forment une élite
intellectuelle accessible aux générosités de notre
législation.

Quant au peuple, il n'a pas dépouillé toute sa rudesse
primitive ; mais on ne peut nier qu'il soit intelligent,
travailleur, voyageur surtout : il connaît aujourdh'ui
les chemins de la France et du monde.

Pendant la grande guerre, c'est par milliers que les
Kabyles sont partis dans la métropole.

Là, ils n'avaient pas le refuge de leur village et ils
ont pris le contact de nos mœurs plus étroitement
encore qu'en Algérie.

Il importe de suivre pas à pas l'évolution de ces
populations Berbères si intéressantes, d'améliorer au
fur et à mesure la législation qui leur est appliquée, de

---

(1) M. Morand, *Les Kanouns du Mzab* (*Rev. Alg.*, 1903, p. 14).

façon à éviter que ces 432.000 individus déjà islamisés,
ne cèdent à l'arabisation qui les guette, au grand
dommage de l'influence française (1).

----

(1) Nous avons pu obtenir, officieusement, des bureaux compétents, les résultats, non encore homologués, du dernier
recensement (1921) pour le seul arrondissement de Tizi-
Ouzou :

Français	7.784
Européens étrangers	706
Indigènes sujets Français	432.156
Indigènes étrangers	10.841
	451.487

———

L'EXHÉRÉDATION DES FEMMES

ET LA

PRATIQUE DU HOBOUS EN KABYLIE

———

CHAPITRE PREMIER

Le sort de la femme dans la coutume kabyle

> « De la femme à l'esclave
> il n'y a qu'un pas...... »
> (Hanoteau et Letourneux, t. ii, p. 142).

Une des questions qui permet de suivre le mieux l'évolution du droit coutumier berbère est celle de l'exhérédation des femmes en Kabylie.

Héritière *ab intestat* jusqu'en 1748, la femme cesse de l'être à cette date.

Elle subit alors le sort le plus misérable.

Puis, au contact de notre civilisation, les mœurs kabyles lui redeviennent plus favorables. Des testaments, des donations, des hobous de plus en plus nombreux sont constitués en sa faveur, de telle sorte qu'on peut penser aujourd'hui que si les kabyles étaient consultés, ils consentiraient à replacer la femme dans ses droits successoraux.

Certes, ils ont le désir de maintenir intact le bien de famille et peut-être donneraient-ils aux héritiers mâles une possibilité de racheter la part des filles quittant le toit paternel.

Mais nous venons de voir qu'ils n'ont aucun moyen légal de rajeunir leurs kanouns archaïques.

Ils peuvent seulement, dans des actes de disposition, dans des hobous notamment, manifester leur volonté individuelle en faveur des femmes de leur famille.

Qu'au moins la jurisprudence ne les en décourage pas, en opposant à leur intention nettement exprimée, des subtilités juridiques qu'ils ne comprennent pas.

Les apôtres du féminisme clament le martyre de la femme française. De quel nom appelleront-ils le sort misérable qui est fait à la femme kabyle par la coutume, telle qu'elle est rapportée par Hanoteau et Letourneux ?

De sa naissance à sa mort, la femme kabyle est une esclave sans droits, abandonnée à l'homme pour lui servir de jouet et de domestique.

Dans quelques familles, elle obtient le respect qu'elle mérite. Mais ce sont des cas isolés, vagues reflets de notre civilisation, souffles de pitié vite réprimés par une loi inhumaine.

Dès qu'elle est nubile, la jeune fille est vendue par ses parents, à un époux, sur le choix duquel elle-même n'est pas consultée (1).

Devient elle veuve ? le droit de la remarier en la

____

(1) Hanoteau et Letourneux, t. II, p, 150.

revendant appartient, non seulement à ses parents, mais encore aux héritiers de son premier mari décédé ! (1)

Est-elle chassée par son mari, répudiée ? « elle ne « peut être remariée par ses parents qu'autant que le « prix de vente aura été remboursé au mari. Or, « celui-ci peut exiger des prétendants une somme « dont il fixe arbitrairement le chiffre, et qui peut, par « son exagération, constituer indirectement un empê- « chement à toute nouvelle union » (2).

La femme ainsi vendue à un inconnu, peut-elle au moins rompre les liens du mariage, si son union n'est pas heureuse ? Non ! le divorce n'existe pas dans les coutumes kabyles.

Elle peut seulement quitter le domicile conjugal et se retirer dans sa famille. On dit alors qu'elle se met « en état d'insurrection ». Elle est néanmoins mariée et ne peut, par conséquent, pas contracter une nouvelle union (3).

Heureuse la femme qui obtient que son mari prononce contre elle la formule de la répudiation qui la rend libre. Encore avons-nous déjà dit que son époux

---

(1) Hanoteau et Letourneux, t. II, p. 151. (Voir cependant *supra* p. 75).

(2) Id., t. II, p. 177.

(3) Id., t. II, p. 182.

pouvait mettre, à son remariage, certaines conditions souvent irréalisables. La répudiation équivaut alors à une interdiction absolue de mariage ; la femme est « *Thamaouok't* », c'est-à-dire « retirée de la circulation » (1).

Pauvre marchandise invendable que cette malheureuse qui n'a quelquefois que quinze ou seize ans ! Et qu'elle ne s'avise pas de la moindre légèreté ; qu'elle ne donne prise à aucun soupçon d'inconduite, sinon elle s'expose au châtiment le plus cruel ! Nos Cours Criminelles, nos Tribunaux voient, à chacune de leurs audiences, le défilé lamentable de toutes ces misères.

Cette femme kabyle qui, dans le mariage, ne dispose pas de sa personne, dans les successions ne reçoit aucun bien. Elle n'est pas héritière.

La fille n'hérite pas de son père, l'épouse n'a aucun droit sur la succession de son mari.

Un père meurt ne laissant que des filles.

Ce sont ses acebs (parents par le sang, mâles par les mâles), des neveux, des cousins, des membres de la kharouba (2) qui appréhendent la succession, à l'exclusion des filles.

---

(1) Hanoteau et Letourneux, II, p. 178.

(2) Voir *infrà* p. 99 et 100, sur ce point spécial.

Cependant, si ces femmes deviennent veuves, répudiées ou indigentes, les acebs sont tenus, ou d'assurer leur habitation et leur entretien (on devine alors comment elles sont logées et nourries !) ou de leur abandonner l'usufruit, — généralement du tiers — de la succession.

Droit illusoire ! que l'aceb dilapide la succession ou devienne insolvable, comme cela se produit le plus souvent, la femme ne retrouve plus rien pour asseoir son usufruit.

Alors, vieille, elle devient une mendiante ; jeune, elle devient une mercenaire.

Coutume atroce, disent Hanoteau et Letourneux (1) ! Peuple de barbares, dit M. Le Roy, dans le titre même de son ouvrage (2) !

*
* *

C'est là le résumé fidèle des chapitres consacrés à la femme par Hanoteau et Letourneux.

Or c'est ce texte qui, devant les tribunaux, fait autorité, en droit berbère.

De sorte que nous venons d'exposer dans toute sa laideur, mais dans toute son exactitude, la jurisprudence actuelle en la matière.

Disons, de suite, que la partie saine de la popula-

____

(1) T. II, p. 158.

(2) *Un peuple de barbares en territoire français*, Paris, 1911.

tion indigène de ce pays s'insurge contre ces coutumes anciennes et qu'elle a déjà trouvé d'éloquents interprètes.

M. Ernest Mercier a protesté contre le tableau sévère que l'on se plaît à faire de « la condition de la femme musulmane dans l'Afrique septentrionale » (1).

Il ne s'est pas préoccupé, il est vrai, de la femme berbère, mais il nous est donné, tous les jours, d'entendre les Kabyles les plus notables, dire, de la femme kabyle, ce que M. Mercier a écrit de la femme arabe et lutter contre ces mêmes préjugés qui tendraient à ravaler la femme au niveau de la bête.

Dans son « Recueil de Poésies Kabyles » (2), M. Boulifa proteste, à son tour, avec véhémence, contre le rôle attribué à la femme par la coutume berbère telle qu'elle est rapportée par Hanoteau et Letourneux.

Or, M. Boulifa est Kabyle et son témoignage est un de ceux qui nous permet de dire que les Berbères n'acceptent plus aujourd'hui ce qui était exact en 1868.

« Le Kabyle, dit-il, reconnaît en la femme, non pas seulement son égale, mais un être supérieur devant soutenir ses frères » (3).

M. Boulifa est donc au premier rang des réformistes.

____

(1) *Rev. Alg.*, 1895, p. 45.

(2) *Op. cit.*, Introd.

(3) id., p. XLIII.

Mais, entraîné par son désir de prouver le respect du kabyle pour la femme, il en arrive à essayer de légitimer les règles du mariage et de l'exhérédation qui auraient, nous dit-il, été édictées dans l'intérêt bien compris de ces malheureuses créatures, bien plutôt que pour les réduire en esclavage.

M. Boulifa nous permettra de ne pas le suivre jusque-là.

Le sentiment intime des Kabyles, ajoute-t-il, se retrouve mieux dans leurs poésies que dans leurs kanouns.

Nous puisons, certes, dans les poésies charmantes qui nous sont révélées par ce savant berbérisant, un argument important en faveur de la réaction féministe dont M. Boulifa est un protagoniste convaincu. Mais nous sommes impatients de voir la loi refléter ces nobles sentiments.

Si la coutume devait demeurer ce qu'elle était au temps d'Hanoteau, notamment dans la matière du mariage et des successions, nous aurions une tout autre opinion du progrès de la civilisation en Kabylie.

La loi d'amour est universelle et le plus humble fellah est capable de la passion la plus vive pour l'une de ces ravissantes créatures que l'on rencontre, le visage découvert, le long des sentiers du Djurdjura.

Cette passion a pu inspirer des « *isefra* » (chansons d'amour) exquises.

Mais la femme ne mérite pas que nos désirs.

Comme l'homme, elle a des besoins matériels et moraux ; elle a droit à la vie et au libre arbitre ; et la preuve du respect que nous lui accordons, réside davantage dans les droits que nous lui donnons que dans les poèmes que nous lui dédions.

Sans aller jusqu'à espérer que les Berbères consentiront à faire instruire leurs filles dans nos écoles (1), nous pouvons demander que la coutume s'adoucisse à l'égard de la femme ; qu'elle la replace notamment dans la succession de son père, d'où la délibération de 1748 l'avait bannie, sinon les protestations en sa faveur ne seront qu'une vaine littérature.

Un romancier orientaliste de talent a pu écrire que, dans la philosophie musulmane « la femme n'avait pas d'âme » (2). Cette observation qui a surpris de

---

(1) Dans leurs cahiers envoyés à la Foire-Exposition d'Alger de 1921, les Instituteurs Kabyles disent que « de leurs femmes dépend la civilisation des Kabyles et qu'il faut, quelque choquante que dût tout d'abord paraître cette innovation, ouvrir des écoles de filles dans tous les principaux villages ».

(*Dépêche Algérienne* du 7 août 1921 : M. Jules Rouanet, commentant un article publié dans le *Temps*, par M. Lefranc).

(2) M. Ferdinand Duchêne, Vice-Président du Tribunal civil d'Alger : « *Au pas lent des caravanes* », roman publié par l'*Illustration* en 1909 et par les *Annales Africaines* en 1920.

Dans le même sens. M. Charvériat « *A travers la Kabylie* », p. 151, note 1. — Villot, *Mœurs, coutumes et institutions des indigènes de l'Algérie*, 3ᵉ édition, p. 41.

bons esprits musulmans, n'a pas étonné ceux d'entre nous qui savent que cet écrivain est un magistrat algérien des plus avertis.

Tous ceux qui, comme lui, sont appelés à appliquer la coutume telle que nous venons de la rapporter, sont fatalement amenés à juger sévèrement la psychologie berbère, et ils ne changeront d'opinion que si les Kabyles nous aident à leur démontrer que ces coutumes anciennes ne représentent plus aujourd'hui leur véritable loi et qu'ils en requièrent la réformation (1).

-----

(1) « Si le niveau de la civilisation s'évalue, pour un peuple, au traitement qu'il réserve à la femme, nous sommes obligés de convenir que le peuple kabyle en est resté au niveau le plus bas de la barbarie » M. Le Roy, Juge au Tribunal de la Seine : « *Deux ans de séjour en petite Kabylie* ».

CHAPITRE II

Jusqu'en 1748, la femme Kabyle a été héritière
ab intestat

Le Coran fait de la femme une héritière : « Les
« hommes doivent avoir une portion des biens laissés
« par leurs pères et mères et leurs proches ; *les*
« *femmes doivent aussi avoir une portion* de ce que
« laissent leurs pères et mères et leurs proches. Que
« l'héritage soit considérable ou de peu de valeur,
« une portion déterminée leur est due (1) ».

Or, il est indiscutable, qu'à l'origine, les Kabyles ont
observé cette règle coranique. Hanoteau et Letourneux en conviennent expressément (2).

Ils citent dans leurs annexes (3) deux actes de
renonciations faites par des femmes à leur part dans
les successions de leurs parents, actes datant de

---

(1) Coran IV, 8 — Sous l'article 265 de l'avant-projet de codification du droit musulman algérien.

(2) Hanoteau et Letourneux, II, p. 282. — M. Boulifa, *Recueil
de poésies Kabyles*, Alger, 1904, Introduction, p. xvii.

(3) Tome III, p. 447 et 448.

1728 et de 1734 et qui ne laisseraient aucun doute, sur le principe, s'il était discuté.

Notons, enfin, que les Kabyles recouraient alors au hobous pour déshériter les femmes dont la vocation ab intestat apparaît, dès lors, comme évidente (1).

La proportion de ces droits héréditaires féminins était la même qu'en droit musulman (2).

Dans quelles circonstances les Kabyles ont-ils donc répudié le principe de la vocation héréditaire des femmes, pour en adopter un autre excluant ces dernières des successions ?

Ce fut par une délibération prise en 1748, sur le marché des Beni-Ouacif (3).

La réunion fut provoquée par des marabouts des Beni-Bethroun (4) assistés des Okals (notables) de

---

(1) Hanoteau et Letourneux, II, p. 282.

(2) Sur cette proportion voy. *Avant-projet de Code musulman*, art. 286 et suivants.

(3) La réunion aurait eu lieu au village de Djema-Saharidj, aujourd'hui douar Beni Fraoucen, commune de Mékla. Mais les tribus d'autrefois ont été fractionnées en plusieurs douars, de sorte qu'il est possible, qu'en 1748, Djema Saharidj se soit trouvé dans la tribu des Beni-Ouacif ; c'est ce qui expliquerait que le texte de la délibération place le lieu de la réunion sur le marché de ce nom.

(4) Sans doute le douar Betrouna actuel.

leurs villages et de l'imam de la mosquée de Taham-
mamt (1).

« L'assemblée, à l'unanimité des voix, abolit chez les
Beni - Bethroun et leurs voisins et alliés, le droit
d'héritage pour les femmes ».

Acte! fut dressé de cette décision mémorable. Il
porte la date du 21 décembre 1748 de notre ère (2).

La tradition veut — et il est vraisemblable — que
ce soit à ce moment que de nombreuses tribus
berbères (notamment le douar Beni-Slyem (Dellys)
entièrement peuplé de Kabyles) passèrent au droit
musulman pour ne pas avoir à se soumettre à cette
coutume successorale (3).

La Petite Kabylie toute entière ne s'y soumit pas
davantage.

Enfin, dans les tribus berbères proprement dites,

----

(1) Douar Beni-Ouacif.

(2) Hanoteau et Letourneux ont eu, en leur possession, l'acte
original ; ils en donnent la traduction Tome III, p. 45. Cet acte
fait mention des villages qui y étaient représentés et qui ap-
partenaient aux douars actuels suivants : Beni-bou-Akkache,
Beni-Ouacif, Illilten, Sedka-Okdal, Beni-Boudrar, Beni-Menguel-
let, tous de Michelet ; un seul douar, les Beni-Yenni, est ratta-
ché à Fort-National mixte.
Hanoteau et Letourneux rapportent (*op. cit.* tome II, p. 8 en
note) qu'antérieurement, la tribu des Aït Iraten (Fort-National)
dans une assemblée tenue au village d'Aguemoun, aurait pris
la même délibération.

(3) Voir la liste de ces tribus, *supra* p. 33.

7

deux villages conservèrent l'ancienne loi : Bou Hinoun (dans le douar Zmenzer, canton de Tizi-Ouzou) et Aït-Sollane (douar Abi Youcef, canton de Michelet) (1).

____

(1) Pour Bou Hinoun, le fait est de notoriété publique ; quant à Aît Sollane. nous tenons ce renseignement de notre distingué confrère M⁺ Ould Aoudia, avocat à Michelet, qui connaît particulièrement cette région et qui nous affirmait que cette coutume allait jusqu'à accorder un tiers en toute propriété à la femme.

CHAPITRE III

Statut successoral de la femme berbère
depuis la délibération de 1748

La délibération de 1748 nous explique dès lors pourquoi Hanoteau et Letourneux ont déterminé de la façon qui suit, l'ordre de dévolution des successions *ab intestat* dans lequel les femmes ne figurent pas :

« 1° Héritiers acebs ou universels, qui compren-
» nent toute la descendance mâle directe par les
« mâles et tous les collatéraux descendant par les
« mâles de la branche paternelle ;

« 2° Ascendants par les mâles du côté paternel, père, grand-père, aïeul, etc... ;

« 3° Le patron et l'affranchi, considérés comme
« héritiers acebs l'un de l'autre (1) ;

---

(1) On voit par cet exemple notamment, l'utilité d'adapter le texte d'Hanoteau et Letourneux à la législation actuelle ; dans l'ordre des héritiers, en effet, il faut supprimer : 1° le patron et l'affranchi qui n'existent plus de nos jours ; 2° le village qui, n'ayant pas de personnalité juridique, ne peut acquérir par succession. Enfin, il conviendrait de définir la kharouba et d'examiner la question de sa vocation héréditaire qui peut

« 4° Le frère utérin, seul mâle de la branche mater-
« nelle appelé à prendre part à la succession, mais
« toujours dans une proportion déterminée ;

« 5° La kharouba (1), **qui vient** à la succession en
« concurrence avec le frère utérin ;

« 6° Le village, qui jouit du même privilège (1).

Voici dans quels termes quelques-uns des kanouns
recueillis par Hanoteau et Letourneux relatent l'exhérédation des femmes :

1. — Les femmes chez nous n'héritent pas, nos aïeux
en ont décidé ainsi, et nous approuvons cette décision (*Aït Flick*).

2. — La femme n'a rien à prétendre dans la succession de son père (*Aït Fraouçen*).

3. — Les femmes ne sont pas admises à participer
aux successions (*Aït-el-Ader*).

4. — Les femmes, mariées ou non mariées, n'héritent pas (*Aït Khalifa*).

5. — Les successions sont dévolues au parent

---

paraître douteuse. Pour nous, la kharouba est une fraction de
village dont les membres ont des ancètres communs et forment
un groupe ayant souvent les mêmes intérêts et les mêmes
devoirs. Les indigènes composant une kharouba portent, généralement, le même nom patronymique, mais leur parenté est si
lointaine, qu'ils seraient incapables de la préciser avec exactitude.

(1) Voir la note précédente.

le plus proche, les femmes n'ont aucun droit à prétendre dans les successions, même de leur père ou de leur mari (*Aït R'oubri*).

6. — Les femmes n'héritent pas (*Koukou*).

7. — Celui qui propose de donner une part à une femme dans une succession, paye 50 réaux d'amende (*Aït Ferah*).

⁎⁎

Ces mêmes kanouns ne purent cependant laisser ces malheureuses femmes mourir de faim. Aussi imposèrent-ils aux héritiers l'obligation de les nourrir, de les vêtir et de les loger lorsque, vierges, elles n'ont pas quitté leur famille, ou lorsque le veuvage, la répudiation ou l'insurrection leur ont fait abandonner le toit conjugal (1).

1. — La femme qui devient veuve ou qui est répudiée, a le droit de vivre dans la maison de son père et sur sa succession (*Aït Khalifa*),

2. — Ou sur les biens de leurs proches qui ne peuvent se refuser à les recevoir (*même kanoun*).

3. — Les femmes ont droit aux aliments et aux vêtements (*Aït R'oubri*).

4. — Elles ont droit à la nourriture et aux vêtements

---

(1) Hanoteau et Letourneux, t. II, p. 294.

sur les biens de leur père ou (dans le cas où la veuve a des enfants) sur les biens du mari (*Aït-el-Ader*).

5. — Si un homme en mourant laisse une femme, des filles, des sœurs, elles auront le droit d'habiter la maison du défunt et auront la jouissance viagère du tiers de la succession. Si ces femmes peuvent exploiter les biens, elles auront le droit de le faire ; sinon, les plus proches parents les exploitent aux conditions ordinaires de la coutume. Elles choisissent elles-mêmes les individus qu'elles veulent charger de leurs affaires au-dehors (*Agouni N'tesselent*),

6. — Si un homme en mourant laisse des filles, des sœurs, une femme, etc....., ses héritiers ne peuvent vendre la maison du défunt, et doivent réserver pour les femmes qui la quitteraient un jardin irrigué et un jardin d'artichauts. On choisit aussi pour elles le meilleur des chènes à glands doux et le meilleur des oliviers. Ces propriétés sont affectées à la nourriture et à l'entretien des femmes qui reviendraient habiter la maison de leur parent défunt. Les réserves dont il vient d'être parlé sont faites au profit des femmes qui sont mariées. Celles qui ne sont pas mariées, ont droit à la nourriture et à l'entretien sur *tous* les biens de la succession (*Koukou*).

7. — Si une veuve n'a que des filles, la djemaâ fait deux parts des biens du défunt : l'une est laissée à la

veuve et à ses filles, pour vivre, l'autre est immédia-
tement livrée aux héritiers (*Azeffoun*).

⁂

Observons que certains kanouns limitent ce droit
d'usufruit au tiers (n° 5), d'autres à la moitié (n° 7),
d'autres enfin, affectent à ce droit, la totalité des
biens (n° 6).

En réalité, il n'y a aucune limitation fatale. Tout
dépend de l'importance de la succession et du nombre des femmes à entretenir.

⁂

Quels étaient les motifs de cette délibération de
1748 et peut-on dire que, de nos jours, les Kabyles du
Djurdjura sont encore dans les mêmes dispositions à
l'égard des femmes ?

CHAPITRE IV

Fondement de l'exhérédation des femmes

M. Boulifa (1) a tenté d'excuser cette coutume à
laquelle il voit trois mobiles :

« 1° Mettre la femme sous la protection des siens
en lui donnant le droit de vivre tant qu'il lui plaira
sous le toit paternel, sans que personne puisse lui
disputer sa place » ;

En effet, si la femme reçoit sa part successorale
une fois pour toutes, elle est désormais servie et ne
peut plus prétendre à rien. Que la ruine survienne et
elle est vouée à la misère !

Au contraire, dans le système de l'exhérédation, si
elle devient veuve et indigente, elle retrouve le droit
de se réfugier chez l'héritier aceb qui doit la loger et
l'entretenir.

Ce premier argument ne peut être retenu.

Nous avons vu en effet ce que ce droit d'habitation
a d'illusoire et d'humiliant.

------

(1) Introduction au Recueil de Poésies Kabyles, *op. cit.*,
p. XVII).

Il faut donner aux femmes leur patrimoine propre ; elles sauront le défendre. Elles sont, en tout cas, armées pour cela, comme nous allons le voir.

2° « Empêcher les biens de la famille de se désagréger, en passant aux mains d'étrangers qui pourraient sans scrupule, les gaspiller ».

C'est là l'argument auquel les Kabyles sont le plus sensibles. Ils tiennent, par dessus tout, à ce que leurs biens immobiliers, péniblement acquis, demeurent dans le patrimoine de leurs enfants.

Or, les garçons restent sous le toit paternel, le plus souvent dans l'indivision.

Les filles, au contraire, se marient et quittent le foyer familial. D'autre part elles ne peuvent songer à exploiter elle-mêmes. Elles ont alors tendance à vendre, à donner en location à un tiers ou encore à faire cultiver par leur mari leur part de terre.

C'est l'intrusion de l'étranger !

La réponse à cette objection est facile car le remède est à côté du mal :

S'agit-il de l'exploitation ? en cas de désaccord entre exploitants, l'un des co-indivis peut provoquer le partage ou la licitation.

S'agit-il de la vente ? les garçons peuvent exercer la chefaâ, sorte de retrait successoral d'un usage commode et très répandu en Kabylie (1).

---

(1) André Marneur, *La Chefaâ*, Paris, 1910, p. 151.

Dira-t-on que la femme kabyle se laissera dépouiller par son mari ?

Mais elle est beaucoup plus protégée que la femme française contre un tel risque.

Le régime matrimonial kabyle est la séparation de biens. Le mari n'est pas le chef de la communauté et n'a pas qualité pour vendre les biens de son épouse. Bien mieux, il n'est pas de bon ton, dans la coutume, qu'un mari s'occupe même, de la fortune de sa femme.

Enfin et surabondamment, les droits du sang sont imprescriptibles et il est souverainement injuste de déshériter une fille pour être bien certain qu'elle ne sera pas ruinée par son mari !

3° En troisième lieu, nous dit-on, « l'exhérédation a pour but de travailler à la paix publique, en supprimant les luttes sanglantes et intestines qui éclataient inévitablement à la suite du partage des successions. C'est un simple acte de prévoyance ».

Ce dernier argument n'est pas beaucoup plus logique que le précédent.

C'est cependant celui qui a, exclusivement, inspiré la délibération de 1748.

Celle-ci en effet, est motivée : elle vise à l'ordre public.

« Chacun exposa, dit l'acte, ce dont il avait à souffrir, se plaignant de ce qui était une cause permanente de rixes, de troubles et de discordes dans les villages... ».

Le kanoun d'Adni (1) qui n'a été publié qu'en 1905 (2) comporte un article 31 qui confirme ces préoccupations :

« Autrefois, dans nos coutumes anciennes, la femme participait à l'héritage autant que l'homme. Mais quand nos ancêtres se sont aperçu des inconvénients de ce droit, qui était une gêne pour tous, puisqu'il était souvent la cause des guerres intestines entre les tribus et des nombreuses têtes qui avaient été tombées (sic), alors ils ont abrogé ce droit, c'est-à-dire que la femme ne doit plus hériter des biens de sa famille ».

Il est aisé de supposer les causes de ces discordes auxquelles il est fait allusion. Nous en citerons quelques-unes.

L'indivision est fréquente en Kabylie : si l'on fait de la femme une héritière, son mari voudra cultiver la part de son épouse. Or, le mari est un véritable étranger pour ses beaux-frères ; très avares, très attachés les uns et les autres à leur terre, des querelles éclateront, à l'occasion du travail en commun et pour les moindres vétilles, on en viendra aux coups

Ou bien, si une femme cohéritière vend sa part,

____

(1) Douar Iratène.

(2) Boulifa, Recueil de mémoires et de textes publiés en l'honneur du XIV⁰ Congrès des Orientalistes à Alger, p. 151.

l'acquéreur peut être un étranger à la famille du de cujus; ou même encore un ennemi de cette famille ; il pénétrera en intrus, dans cette indivision d'où on le chassera par la force. Nouveau conflit sanglant.

Dans l'esprit simpliste de ces montagnards, il fallait supprimer le mal avec sa prétendue cause.

La femme cessant d'être héritière, ses frères ne risquaient plus l'intrusion d'un étranger dans leurs affaires et (ce qui n'est pas à dédaigner) la part successorale des mâles se trouvait augmentée du même coup.

Qui donc pouvait s'en plaindre ? les femmes ? elles n'oseraient y songer ! et l'homme qui fait la loi, et que cette loi enrichit, ne s'arrête pas aux imprécations de quelques pleureuses !

L'injustice d'un pareil raisonnement éclate aux yeux.

Si des crimes se commettaient à l'occasion des difficultés successorales que nous venons d'envisager, la faute en était-elle aux femmes ou bien à l'esprit vindicatif de leurs frères qui n'hésitaient pas à mettre la force au service de leur avarice ?

Ce ne sera donc ni ce motif, ni les deux précédents, qui pourront justifier le maintien de l'exhérédation des femmes et il était facile de prévoir qu'une pareille coutume ne tarderait pas à être battue en brèche par l'élite de la population kabyle.

CHAPITRE V

Influences qui réagissent contre cette exhérédation.

Nous venons de voir pourquoi les Berbères ont abrogé une règle fondamentale de leurs usages et de leur foi et l'ont remplacée par une loi d'exception destinée à réprimer les troubles que provoquait l'héritage féminin.

Ce même souci répressif se retrouve d'ailleurs dans les Kanouns qui constituent exclusivement un Code Pénal ; si quelques règles du droit civil y sont énoncées, c'est pour frapper d'une amende celui qui ne les a pas observées.

C'est ainsi, par exemple, que paiera 50 réaux celui qui proposera de donner une part à une femme dans une succession (*Aït Ferah*).

Il apparaît donc que cette règle de l'exhérédation des femmes fut une mesure de police.

S'il en est ainsi, que le motif d'ordre public disparaisse et la loi d'exception n'a plus sa raison d'être et tombe en désuétude.

Or, les Kabyles n'ont pas tardé à se rendre compte

qu'il y avait, entre eux, mille autres sujets de discorde et que, malgré la délibération de 1748, les rixes ne diminuaient pas. De nos jours même, en dépit de la loi pénale française, on s'arme facilement de son fusil dans les douars du Djurdjura, les meurtres se multiplient, et cependant la femme n'est plus héritière ! Les hommes de bonne foi s'en sont rendu compte.

D'autre part, la nature ne perd pas ainsi ses droits. Le sentiment familial, l'affection d'un père pour sa fille, d'un mari pour sa femme, l'emportent le plus souvent sur l'intérêt qu'un oncle peut porter à son neveu.

Le contact de notre civilisation n'a pu qu'aiguiser ces sentiments.

L'arrêt (déjà cité) du 11 juin 1919 (1) évoque éloquemment l'existence de ces « *constituants plus mo-* « *dernes et plus humanisés désireux de protéger une* « *parenté féminine et chérie que le Kanoun aban-* « *donne à la rapace discrétion d'un aceb; de cette* « *parenté à laquelle ce même Kanoun ne reconnaît* « *que le droit à une maigre pitance, à un vêtement* « *sommaire et à un gîte à peine suffisant* ».

Et puis, quel est le notaire en Kabylie, celui dont on fait souvent le confident de sa volonté dernière, à qui l'on demande conseil pour régler la dévolution de ses biens ? C'est le cadi et le cadi moderne, bon élève de

---

(1) Alger, Chambre de Révision (Robe, 1920, p. 51).

nos médersas, savant arabisant, imprégné de la lettre et de l'esprit du « Livre de Dieu ».

Or, le Coran interdit à tout bon musulman d'éloigner les filles de sa succession.

Le Kabyle lui-même est croyant. Il n'ignore pas la loi coranique qui s'amplifie, dans son cœur, de son amour pour une parenté chérie, bien que féminine.

Ces influences — dont nous pourrions multiplier l'énumération, — ont provoqué chez les Kabyles une réaction en faveur de la vocation héréditaire des femmes, réaction qui se manifeste par des testaments, des donations et surtout des hobous de jour en jour plus nombreux.

Par testament un Kabyle ne peut léguer plus du tiers de ses biens (1) ; par donation, le donateur est dans l'obligation fâcheuse de mettre, de son vivant, le donataire en possession des biens donnés (2).

Le hobous ne présente aucun de ces inconvénients, aussi est-il le plus employé.

C'est par cette institution, empruntée au droit musulman, que les Kabyles reviennent à leurs véritables traditions successorales à l'égard des femmes.

---

(1) Hanoteau et Letourneux, II, p. 332.

(2) Même ouvrage, p. 322.

CHAPITRE VI

La pratique du hobous en Kabylie

Section I

DEFINITION DU HOBOUS. — BUTS QU'IL PERMET D'ATTEINDRE

Qu'est-ce qu'un hobous?

M. le Professeur MORAND le définit ainsi : « le
« hobous ou ouaqf est la donation. dans un but pieux
« ou d'utilité publique, de l'usufruit d'un bien, sous
« la condition que ce bien demeurera séquestré,
« tant pour la nue propriété que pour l'usufruit, à
« l'effet d'assurer l'emploi de ses revenus conformé-
« ment à la volonté du donateur (1) ».

A l'origine le hobous fut, chez les musulmans, une
fondation pieuse « inspirée uniquement par le désir.
« chez les constituants, d'être agréables à Dieu, de se
« rapprocher de lui... »

Mais s'il en fut ainsi à l'origine, il n'en a plus été

____

(1) Art. 445 de l'Avant-projet de Code musulman algérien. —
E. MERCIER, *Deuxième étude sur le hobous* (Rev. Alg., 1897, 1, 118).

de même par la suite. Les constituants continuèrent, il est vrai — par la désignation, à titre de bénéficiaire définitif, d'une institution pieuse ou d'utilité générale — à affirmer leur intention pieuse ou charitable; mais les libéralités ainsi consenties n'eurent plus que l'apparence de fondations pieuses, car les fondateurs se réservaient, leur vie durant, la jouissance des biens hobousés, en même temps qu'ils désignaient un certain nombre de dévolutaires intermédiaires appelés à jouir, eux aussi, de ces biens avant qu'ils ne parvinssent au bénéficiaire définitif. Ainsi « ils se proposaient de régler arbitrairement la dévolution de leurs biens et d'écarter de leur succession certains héritiers, tels que les femmes, qui y étaient appelées par la loi coranique... (1) »

Une institution aussi souple ne pouvait échapper à l'ingéniosité des kabyles. Aussi en firent-ils un usage assez inattendu.

Jusqu'en 1748, la femme est héritière ab intestat : le hobous sera donc employé par les Kabyles (comme par les Arabes eux-mêmes) lorsqu'ils auront le désir d'écarter, notamment les femmes, de leurs successions. Ce point est unanimement admis (2).

Après 1748, la femme n'est plus héritière : le hobous

---

(1) Morand : *Etude sur la nature juridique du hobous*. (*Rev. Alg.*, 1904, p. 146).

(2) Hanoteau et Letourneux, t. II, p. 237.

servira désormais à combattre cette coutume en appelant les femmes à la succession.

De telle sorte que, cette même institution qui, avant 1748, permettait aux Kabyles d'exhéréder les femmes, après 1748, leur permet de les faire hériter.

On comprend dès lors, la force de l'argument que le hobous fournit à notre thèse tendant au rétablissement de la vocation héréditaire des femmes kabyles.

Si le hobous est pratiqué en Kabylie et s'il a, le plus souvent, pour but, d'appeler les femmes aux successions, le nombre des hobous constitués dans ces conditions, constituera le critérium des tendances berbères au rétablissement de la coutume qui faisait de la femme une héritière ab intestat (1).

Or, nous sommes en mesure d'affirmer que le nombre des hobous constitués en faveur des femmes, notamment par le ministère des cadis-notaires de Kabylie, est considérable et va en augmentant d'année en année.

Cet adoucissement du sort de la femme berbère, par la pratique du hobous, doit être encouragé par tous les moyens.

____

(1) Un jugement du Tribunal de Tizi-Ouzou (App. kab.) du 26 octobre 1916 (Robe, 1917, 170) dit, très justement, que par le hobous, « le constituant a pour but de *réagir contre la coutume « qui déshérite les femmes* et de régler la dévolution de la suc- « cession suivant ses préférences ».

Nos tribunaux surtout ont, en matière de hobous, le moyen légal de favoriser cette coutume successorale (1). Plus spécialement, en Grande Kabylie, la jurisprudence, quelque peu hésitante au début, s'affermit de jour en jour. L'examen de cette jurisprudence nous permettra de conclure que le hobous est le procédé le plus sûr de ceux qui sont offerts aux Berbères pour faire hériter les femmes, en attendant que la législation restitue à ces dernières leur droit héréditaire ab intestat.

**

Section II

ETUDE DE LA JURISPRUDENCE

Les décisions que nous avons retrouvées, concercernant le pratique du hobous en Kabylie, peuvent être classées en trois groupes :

— Dans un premier groupe, les tribunaux décident que le hobous n'existe pas en Kabylie et que, sous le

---

(1) Un récent arrêt (*inédit*) de la Cour d'appel d'Alger (Chambre de révision 11 juin 1921) constate que le « hobous est de plus en plus employé, en Kabylie, *pour corriger la barbarie des coutumes kabyles qui déshéritent à peu près complètement la femme*; qu'une raison d'humanité doit donc pousser les tribunaux français à le considérer comme valable toutes les fois que les modalités de sa constitution ne violent pas d'une façon indiscutable le droit musulman ». (Voir le texte complet de cet arrêt infra, p. 126).

nom de hobous, les Berbères font ou des testaments ou des donations.

— Dans un second groupe, il est jugé, au contraire, qu'un Kabyle est en droit de placer sa succession sous l'empire de la loi musulmane et, notamment, d'en disposer par voie de hobous, auquel il faudra, dès lors, appliquer rigoureusement les règles du rite choisi par le constituant.

— Enfin, dans un troisième système, qui a nos préférences, on décide qu'il ne faut pas s'arrêter à l'intitulé de l'acte, mais à son esprit, de façon à respecter toujours la volonté du disposant, sans s'arrêter au sens littéral des termes; de telle sorte que si le hobous est régulier il est maintenu comme hobous ; s'il est irrégulier, on néglige son titre de hobous et l'on recherche la véritable nature de l'acte qui peut être soit un testament, soit une donation entre vifs, soit enfin une libéralité en usufruit.

§ 1. — Premier Système.

Il échet d'écarter, tout d'abord de la discussion, une formule que l'on rencontre dans un grand nombre de décisions du Tribunal Civil de Tizi-Ouzou, de 1911 à 1917 (la plupart inédites) et qui s'énonce ainsi : « le hobous n'existe pas en Kabylie (1) ».

______

(1) Notamment : Tizi-Ouzou, 21 mars 1913 (Robe, 1913, 172) ; Tizi-Ouzou, 26 octobre 1916 (Robe, 1917, 170).

Un philosophe de l'antiquité démontrait le mouvement en marchant.

Nous pourrions étaler un nombre considérable de hobous constitués par de purs Berbères et arrêter là notre réfutation.

Mais nous nous devons de rechercher la source de cette erreur de fait et nous la trouvons dans la doctrine enseignée par Hanoteau et Letourneux, en termes si catégoriques qu'ils méritent d'être rapportés :

« Le habous a disparu *sans retour* — disent ces auteurs — du jour où la coutume a consacré l'exclusion des femmes des successions (1) » ;

« Les règles du habous n'ont pas reçu d'application
« en Kabylie, mais nous avons cru devoir les indiquer
« pour offrir un tableau complet, quoique succinct,
« d'une institution particulière à l'islamisme et qui,
« *aujourd'hui proscrite* par les montagnards du Djur-
« djura, leur a servi autrefois de bélier pour combattre,
« avec l'aide du sentiment religieux, le texte sacré du
« Coran (2) ».

« Depuis l'époque où les Kabyles sont revenus
« franchement à la coutume, en décidant que les fem-
« mes seraient exclues de l'héritage, *il n'a pas été*

---

(1) Tome II, p. 341.

(2) Tome II, p. 348.

« *constitué un seul habous*. En même temps que les
« Kabyles excluaient les femmes de l'héritage des mâ-
« les, *ils abolissaient le habous* et attribuaient l'entière
« propriété des biens qui en étaient frappés à leurs
« possesseurs actuels, sans se préoccuper des droits
« éventuels réservés par les actes de fondation aux
« villes saintes, aux mosquées ou aux pauvres (1) ».

Dans ces différentes citations, nous n'obtenons qu'une affirmation : celle qu'au moment où ils composaient leur ouvrage, Hanoteau et Letourneux n'avaient pas découvert de hobous replaçant des femmes dans un héritage.

Ces auteurs écrivaient en 1868. A cette époque leurs renseignements pouvaient être exacts. Mais ils n'ont pas tardé à ne l'être plus, puisque nous avons sous les yeux des hobous de 1879.

Aujourd'hui, en présence des hobous produits, il n'est plus possible « de dire et encore moins de poser en principe que le hobous proprement dit soit tout à fait inexistant en Kabylie (2) ».

---

(1) Tome II, p. 238, note 1.

(2) Robe, 1913, p. 172, note sous le jugement précité (p. 119, note 1) du 21 mars 1913 : « Cette décision ne peut infirmer les « constatations matérielles de la statistique et créer une règle « que n'établit nul texte. Il est permis de regretter que des « décisions de cette gravité ne soient pas déférées à la Chambre « de Révision ».

Nota. — Nous constatons, avec un vif intérêt, que, dans ces

Nous aurions mauvaise grâce à insister sur cette jurisprudence que le Tribunal de Tizi-Ouzou a complètement et fort justement abandonnée.

Il est si vrai que cette ancienne jurisprudence était fondée uniquement sur les constatations d'Hanoteau, que le jugement du 26 octobre 1916 donne précisément comme référence, la page 341 rapportée par nous (1) : « En Kabylie, le hobous proprement dit n'existe pas (H. et L., p. 341) ».

En présence d'une affirmation aussi contraire à l'évidence, nous nous sommes demandé s'il ne fallait pas l'interpréter ainsi : « Il n'existe pas en Kabylie de hobous véritable et régulier ».

Des deux jugements-types que nous avons cités, l'un (celui du 26 octobre 1916) concerne en effet, un hobous nul en la forme.

Mais l'autre décision, du 21 mars 1913, s'applique à un hobous reçu par le cadi de Tizi-Ouzou, le 9 avril 1902, absolument régulier et contenant, notamment, la destination pieuse aux villes saintes de la Mecque et de Médine, critérium du véritable hobous.

Le Tribunal écarte donc ce hobous, non pas parce

---

dernières années, le Parquet Général a déféré, avec plus de facilité qu'autrefois, à la Chambre de Révision, les décisions des tribunaux rendues en violation des coutumes .C'est le procédé le plus sûr pour arriver à l'unité de jurisprudence si nécessaire.

(1) Supra, p. 119.

qu'il est irrégulier, mais uniquement parce qu'il est constitué par un Berbère.

En outre de ces deux jugements, ce premier système bénéficie également d'un arrêt rendu le 22 juillet 1907, par la Cour d'appel d'Alger (Appels Kabyles) (1).

Ces trois décisions retiennent cependant l'acte qui leur est soumis, mais en tant que donation ou testament, suivant le cas.

A ce titre seulement, nous les retrouverons dans le troisième groupe de la jurisprudence en discussion.

*
* *

§ 2. — Deuxième Système

A. — Dans une seconde opinion, nous trouvons d'abord deux arrêts qui décident, très nettement, que le hobous proprement dit n'est nullement interdit aux berbères :

Alger, — App. Mus., 6 février 1887 (*Robe*, 1887-241) ;

Alger, — App. Kab., 21 mars 1898 (*Rev. Alg.*, 1898-2-305).

Ces arrêts contiennent, toutefois, une erreur qu'il convient de signaler.

Le hobous, disent-ils, n'a pour objet que la jouissance et non la propriété de la terre : ce qui est juridiquement exact.

______

(1) Robe, 1907, p. 158.

Cette institution, ajoutent-ils, ne viole donc pas la coutume Kabyle qui « exclut les femmes de la propriété du sol ».

C'est là, à notre avis, une fausse interprétation du droit berbère. Parce que la femme est exhérédée ab intestat, il ne s'ensuit pas qu'elle ne puisse acquérir un immeuble en toute propriété, soit par acte entre vifs, soit par donation, soit par testament.

La femme peut avoir un patrimoine propre, fruit de son industrie ou de ses économies personnelles (1).

Il est d'autant plus utile de relever cette erreur que si, en droit musulman pur, le hobous n'a pour objet qu'un usufruit, en fait, il permet à ses bénéficiaires, par le jeu de la loi française, l'aliénation en toute propriété (2).

B.— Dans ce même système qui admet l'existence du hobous en Kabylie, nous trouvons ensuite une série de décisions aux termes desquelles : lorsqu'un Berbère constitue un hobous, il emprunte cette institution

---

(1) Hanoteau et Letourneux, tome II, p. 297.

(2) Ordonnance du 1ᵉʳ octobre 1844. — Loi du 16 juin 1851, article 17. — Décret du 30 octobre 1858, article 1ᵉʳ. — Jurisprudence constante, notamment du Tribunal de Tizi-Ouzou (appels Kabyles). Mentionnous toutefois que, si l'aliénation est valable à l'égard du tiers acquéreur, elle est nulle au regard de tous autres et que l'effet du hobous est, en tout cas, reporté sur le prix. — Alger 28 janvier 1902, Robe 1902, p. 51 et note sous l'article 470 de l'*Avant-projet de Code Musulman.*

au droit musulman et, dès lors, il faut juger de la validité de cet acte d'après les règles de ce droit (1).

Il semble résulter de cette jurisprudence que si le hobous n'est pas régulier, il est annulé purement et simplement, comme dans un procès entre Arabes.

Dans ce sens :

Alger. — App. Kab., 26 avril 1897 (*Robe*, 1897, 412) et 30 janvier 1905 (*Robe*, 1905-298).

Justice de Paix Bordj-Menaïel, 14 janvier 1916. (*Bull. Justices de Paix*, 1916, p. 231), confirmé en appel (adoption de motifs) par le Tribunal de Tizi-Ouzou, le 13 avril 1916, n° 99.

Alger (Ch. Rev. Mus.) 11 juin 1919, déjà cité (*Robe*, 1920, p 50) maintenant des jugements de la Justice de Paix de Fort-National, des 19-26 juin 1918, confirmés par le Tribunal de Tizi-Ouzou, le 16 janvier 1919 (ces derniers inédits — adoption de motifs).

Toutefois ces irrégularités ne doivent être retenues comme des motifs de nullité que si elles violent d'une façon indiscutable le droit musulman.

Dans ce sens :

Alger Ch. de Revis. Mus. (11 juin 1921, *arrêt inédit*) M. Granval, Prés., (M. de Barrastin, Cons. rapp. M. Norès, Subst. du Proc. Gén., MM^{es} Gouttebaron et Weinmann av.), *Saadi contre Adjaoud* :

------

(1) Le plus souvent le rite hanéflte.

» La Cour : Attendu que suivant acte du 9 juin 1906 retenu par le Cadi notaire de Dellys, Adjaoud Hamdane qui déclarait s'inspirer de la doctrine d'Abou Hanifa et de ses disciples, a fait constituer hobous toutes ses propriétés immobilières et, en outre, tout ce qui lui appartenait en fait d'animaux, de meubles, de substances mangeables et autres ; que ce hobous était constitué d'abord à son profit, pour en jouir sa vie durant ; qu'il devait, à sa mort, être dévolu à ses filles et, concurremment avec elles, à son épouse Choukri Miana, à condition, pour cette dernière, qu'elle demeurât avec ses filles et qu'elle ne se remariât pas ; qu'il devait enfin à la mort des dévolutaires ainsi désignées, faire retour aux héritiers acebs ; Attendu que, postérieurement au décès d'Adjaoud Hamdane, Choukri Miana et Saadi Khedoudja (celle-ci agissant au nom de sa fille et pupille Adjaoud Ourdia, mineure une des filles du constituant) ont, en 1920, assigné devant le Juge de Paix de Dellys, Adjaoud Mohammed et Adjaoud Saïd, héritiers acebs du fondateur du hobous, en délaissement de diverses parcelles de terre, dépendant du dit hobous et en dommages intérêts pour indue occupation ; qu'en réponse à cette action les défendeurs, tout en affirmant qu'ils ne détenaient quoi que ce soit provenant de la succession d'Adjaoud Hamdane, ont demandé reconventionnellement la nullité du hobous et, par suite, le déguerpissement par les demanderesses des biens composant la dite succession ; Attendu que par jugement du 30 juillet 1920, le Juge de Paix de Dellys leur a donné raison et a prononcé la nullité du hobous : 1° parce que la doctrine hanéfite interdit le hobous des meubles ou contenant à la fois des meubles et des immeubles, 2° parce que le hobous n'a pas été suivi de prise de possession ; qu'il a, en conséquence, ordonné « le déguerpissement par les demanderesses de la succession d'Adjaoud Hamdane au profit des héritiers acebs. » Attendu que sur l'appel des deux femmes, le Tribunal de Tizi-Ouzou a, dans son jugement du 28 octobre 1920, apprécié l'affaire d'une façon différente ; qu'il a infirmé la décision du Juge de Paix, validé le hobous et condamné les intimés à délaisser les immeubles hobousés et, en outre, à payer aux appelants cent francs de dommages-intérêts. « Attendu que par déclaration au greffe en date du 27 décembre 1920, M. le Procureur Général s'est pourvu contre ce jugement dont il demande l'annulation, parce qu'il lui paraît avoir été rendu en violation du droit musulman ; qu'il n'est pas douteux que la matière soit une de celles limitativement prévues par l'article 52 du décret du 25 mai 1892 ; que le délai fixé par ce texte a d'autre part été observé ;

« Attendu que devant la Cour, outre les deux arguments sur lesquels s'est basé le Juge de Paix pour prononcer la nullité du hobous et qui sont : le fait que le hobous comprend des meubles et le défaut de prise de possession par les dévolutaires, il en a été développé un troisième tiré de ce que l'acte constitutif stipule que Choukri Miana n'aura droit à rien si elle se remarie.

Sur le premier argument :

« Attendu que le principe aux termes duquel, dans le rite hanéfite et contrairement à ce qui a lieu dans le rite malékite, le hobous de meubles serait interdit sous peine de nullité de la fondation, est loin d'être établi d'une façon formelle; Qu'il semble même qu'au-

cun docteur hanéfite n'exclue complètement l'immobilisation des meubles ; qu'alors que les imams Mohammed et Abou Youssef n'admettent l'immobilisation
des objets mobiliers que lorsqu'ils sont hobousés
comme accessoires de l'immeuble, Zofar admet le
hobous portant sur les meubles, les marchandises,
les denrées et même les espèces (notes de M. Jouyne
sous l'arrêt du 23 février 1886, *Robe* 86-240 — *Morand*
notes sous l'article 457). Attendu que la jurisprudence
ne présente pas à ce sujet moins de divergences que la
doctrine ; qu'on trouve un arrêt du 19 novembre 1862
aux termes duquel, dans le rite hanéfite, le hobous
ne peut, dans aucun cas, porter sur des meubles, un
arrêt du 21 juillet 1869 disant que la constitution du
hobous peut porter indistinctement sur des meubles
ou des immeubles dans le rite hanéfite, et une série
d'autres arrêts présentant toutes les solutions intermédiaires ; Attendu qu'en s'en tenant à la doctrine
hanéfite la plus rigoureuse, à savoir que les meubles
ne peuvent être hobousés qu'en tant qu'accessoires des
immeubles, elle parait parfaitement conciliable avec
les termes du hobous envisagé ; que sur les petites
propriétés kabyles du genre de celle qui constituait
la fortune d'Adjaoud Hamdane, on ne voit ni riches
ameublements, ni objets étrangers aux besoins de la
vie quotidienne ; qu'on n'y peut guère trouver que
quelques animaux employés à l'exploitation, quelques
ustensiles ou denrées indispensables à l'existence
des occupants ; que ce sont bien là des accessoires
de la propriété et qu'il serait excessif de prononcer la
nullité du hobous sous prétexte que le constituant
pouvait être possesseur de certains menus objets ou
de quelques provisions ne se rattachant pas directe-
ment à l'exploitation des immeubles et ne représen-

tant d'ailleurs qu'une part infime de l'ensemble ;
« *Attendu, au surplus, que les divergences profondes
qui existent, soit dans la doctrine, soit dans la jurisprudence, autorisent la Cour à se montrer très large
dans l'appréciation de ce qui peut ou de ce qui ne
peut pas faire partie du hobous dans le rite hanéfite ;
qu'il ne faut pas perdre de vue que le hobous est de
plus en plus employé en Kabylie pour corriger la
barbarie des coutumes Kabyles qui déshéritent à peu
près complètement la femme ; qu'une raison d'humanité doit donc pousser les tribunaux français à le
considérer comme valable toutes les fois que, comme
en l'espèce, les modalités de sa constitution ne violent
pas d'une façon indiscutable le droit musulman.* »

« Sur le deuxième argument :

« Attendu que suivant la doctrine malékite, la prise
de possession par le premier dévolutaire, effectuée
antérieurement à la mort ou à la déconfiture du constituant, est une condition essentielle de validité du
hobous toutes les fois qu'il n'y avait pas eu déssaisis.
sement du constituant et prise de possession effective
du dévolutaire (Khalil, traduc. Seignette n° 1240-8° —
Ibn Acem, traduc. Houdas et Martel, n°s 1174 et 1183 —
Sautayra et Cherbonneau, II, n° 915 — Alger 4 juillet
1904, Robe 1904-264). Attendu il est vrai que le Juge
de Paix de Dellys déclare que le hobous n'a pas été
suivi de prise de possession et que le Juge d'appel ne
contredit pas ce fait. Mais attendu que le hobous qui
fait l'objet du litige est soumis aux règles du rite
hanéfite qui sont nécessairement différentes de celles
du rite malékite par le fait que le fondateur peut se
constituer lui-même dévolutaire des biens frappés de
hobous ; qu'il ne peut pas y avoir, dans ces conditions,

mise en possession des dévolutaires par le constituant antérieurement au décès de ce dernier ; que
— comme conséquence — la prise de possession par
le dévolutaire du bien hobousé n'est pas, d'après ce
rite, une condition essentielle de la validité du hobous
(Tilloy, Rép., v° Habous, n°ˢ 77 et 79). Attendu que le
rite hanéfite n'exige qu'une chose : c'est l'acceptation
du dévolutaire, laquelle n'est requise de chaque
bénéficiaire qu'à compter du moment où il est appelé
à recueillir la jouissance du bien hobousé (*Morand*,
note sous l'article 463) ; que l'acceptation peut être
expresse ou tacite et résulter notamment de la prise
de possession par le bénéficiaire (*Morand*, art. 464).

» Attendu que s'il n'y a pas eu mise en possession
antérieure au décès du constituant, la seule qu'ait
envisagée le Juge de Paix de Dellys, vu le texte d'Ebn
Acem sur lequel il s'appuie, il est par contre certain
qu'au décès d'Adjaoud Hamdane, les demanderesses
ont pris possession de ses biens ; que cela n'est d'ailleurs par dénié par les héritiers acebs qui répondent
à l'action qui leur est intentée : « Nous ne détenons
aucun bien de la succession » et qui n'allèguent pas
que cette succession soit détenue par un tiers ; que,
bien mieux, ils actionnent reconventionnellement les
deux femmes en déguerpissement des biens hobousés, action qui n'aurait pas de sens si elles n'étaient
pas en possession de ces biens.

» Sur le troisième argument :

» Attendu que dans le rite hanéfite, aux règles
duquel a déclaré se soumettre Adjâoud Hamdan, le
constituant dispose, en ce qui concerne la désignation
des bénéficiaires intermédiaires, d'une liberté illimitée
(*Morand*, note 2 sous l'article 453), qu'il peut exclure

même ses descendants du premier degré, soit tous ensemble, soit quelques-uns d'entre eux, ou même les filles seulement (Tilloy, Rép. v° Habous, n° 77) ; que s'il a été jugé que sous l'empire de la doctrine malékite le constituant ne peut exclure sa veuve (ibid. n° 37) rien de semblable n'existe dans la doctrine hanéfite ; attendu que l'arrêt de la Cour d'Alger du 11 juin 1919 (Robe 1920, p. 50) invoqué dans leurs conclusions par les consorts Adjaoud et qui cite incidemment un passage de Sidi Khelil, docteur malékite. ne contredit pas ce point de vue. Attendu que le fondateur d'un hobous, qui peut en exclure complètement une personne, peut nécessairement, par voie de conséquence, ne l'en faire bénéficier que sous certaines conditions; qu'Adjaoud Hamdane a donc pu valablement dans le rite choisi par lui, subordonner le droit qu'il donnait à son épouse Chekri Miana de bénéficier du hobous qu'il fondait du fait qu'elle ne se remarierait pas et resterait avec les filles du constituant.

» Par ces motifs :

» Reçoit le pourvoi de M. le Procureur Général comme régulier en la forme. Au fond le déclare mal fondé. Confirme le jugement du Tribunal de Tizi-Ouzou. »

*
* *

§ 3. — Troisième Système

Enfin, le troisième et dernier groupe de décisions tient du précédent en ce qu'il admet, lui aussi, qu'un Kabyle peut, légalement, constituer un véritable hobous musulman en faveur des femmes de sa famille.

Si ce hobous est régulier, il sera donc appliqué dans les formes du droit musulman (1).

---

(1) En droit kabyle, comme en droit musulman, le hobous constitué par celui qui était en danger de mort et n'a pas survécu, n'est valable que jusqu'à concurrence de ce dont il est permis de disposer par testament (art. 460 de l'*Avant-projet de Code musulman*). Si donc le constituant est décédé sans laisser d'héritiers, il a pu valablement hobouser la totalité de ses biens. Si, au contraire, il a laissé des héritiers, le hobous n'aura d'efficacité que jusqu'à concurrence du tiers disponible (même onvrage, en note sous l'article précité. En droit kabyle, jurisprudence constante et, pour ne citer que des jugements récents : Tizi-Ouzou Civil, 3 mars 1920 et 2 février 1921 (*inédits*), dans la même affaire *Krirèche, c. M'Barki* :

1° 3 mars 1920 (M. Lenoir, Président). « Le Tribunal :Attendu que suivant exploit de Daumas, huissier à Tizi-Ouzou, en date du 11 juillet 1919 enregistré, Krirèche Larbi ben Ahmed a assigné Mebarki Dahbia bent Larbi. veuve de Krirèche Ahmed ben M'Hammed prise en qualité de tutrice de son fils mineur Omar ben Ahmed pour voir procéder aux opérations de compte liquidation et partage de la succession de feu Krirèche Ahmed ben Mohamed, comprenant un immeuble formé de deux maisons contiguës sises à Tizi-Ouzou, rue Saint-Eustache, deux parcelles de terre et une maison sises au village indigène de Tizi-Ouzou et divers objets mobiliers, linges, meubles, vêtements, animaux, meules de paille, charrette et autres et pour voir préalablement aux dites opérations ordonner la vente aux enchères publiques sur licitation des immeubles sus-indiqués ;

» Attendu qu'aux termes de l'art. 815 du Code civil nul n'est tenu de demeurer dans l'indivision ;

» Attendu que la défenderesse ès qualité s'oppose à la demande en partage et licitation de la plus grande partie des immeubles ;

qu'elle invoque un acte de habous reçu par le Cadi-notaire de Tizi-Ouzou à la date du 13 septembre 1918 (enregistré à Tizi-Ouzou, le 12 octobre 1919, f° 97, 925 aux droits perçus) aux termes duquel Krirèche Ahmed déclare constituer habous à son profit d'abord, puis, après son décès, au profit de sa veuve Mebarki Dahbia et de ses enfants prénommés Omar, Mohamed, Ouardia et Fatma, dans la proportion d'un tiers pour chacun des deux fils et du troisième tiers pour l'épouse et les deux filles, les deux parcelles de terre et la maison sus-indiquées comme situées au village indigène de Tizi-Ouzou, ainsi que toutes ses facultés mobilières ; qu'elle s'en rapporte à justice en ce qui concerne la demande en partage et licitation de l'immeuble sis à Tizi-Ouzou et non compris dans le habous ; qu'elle dénie formellement l'existence de tous les objets mobiliers énumérés par le demandeur.............................

» Attendu, sur l'opposition au partage, que Krirèche Ahmed ben Mohamed est décédé le 17 septembre 1918 ainsi qu'en fait foi l'expédition de l'acte de son décès produite aux débats, que l'acte de constitution de habous est daté du 13 septembre 1918 et mentionne expressément que le Cadi-notaire rédacteur a dû se transporter au domicile du constituant qu'il a trouvé légèrement malade ;

» Attendu qu'il n'est pas allégué que le décès du constituant, survenu quatre jours plus tard, doive être attribué à une autre cause que cette maladie ; *que par conséquent, conformément aux coutumes et à la jurisprudence le habous doit être considéré comme un acte de disposition testamentaire valable seulement jusqu'à concurrence de la quotité disponible, c'est-à-dire du tiers des biens habousés* (Hanoteau et Letourneux, t. II, p. 332) que, dès lors, Mebarki Dahbia est mal fondée à s'opposer au partage des biens mentionnés dans l'acte du 13 septembre 1918....... ....

» Par ces motifs :

» Statuant publiquement, contradictoirement, en matière civile et en premier ressort............................ .....

» Dit que l'acte de habous du 13 septembre 1918 ne vaut que

comme disposition testamentaire en faveur de Mebarki Dahbia
et de ses enfants pour un tiers des biens meubles et immeubles
sur lesquels il porte ; ordonne entre les intéressés la division,
le partage et la liquidation des successions mobilière et immo-
bilière de feu Krirèche Ahmed ben Mohamed et de son fils
Krirèche Mohamed ben Ahmed, etc....

2° *Deux février 1921 (M. Cailly, Juge ffons de Président ;*

» Attendu que par jugement interlocutoire rendu par le tribunal de céans le 3 mars 1920 enregistré, les division, partage
et liquidation des successions mobilières et immobilières de
feu Krirèche Ahmed ben Mohamed et de son fils feu Krirèche
Mohamed ben Ahmed ont été ordonnés entre les intéressés,
que M⁰ Vermot Desroches, notaire à Tizi-Ouzou, a été commis
pour procéder à cette liquidation et qu'au préalable le tribunal
a nommé MM. Cherchali cadi-notaire à Tizi-Ouzou, Mouraille
et Demathieux demeurant à Tizi-Ouzou, experts en la cause
avec mission notamment de déterminer les parts héréditaires
de chacun des ayants droit aux successions précitées en tenant
compte de ce que le habous constitué par acte n° 200 du cadi-
notaire de Tizi-Ouzou du 13 septembre 1918 était réduit au
tiers ;

» Attendu que les experts ont procédé aux opérations or-
données et en ont dressé rapport qu'ils ont déposé au greffe
suivant acte du 10 juillet 1920 enregistré ;

» Or, attendu que les experts relèvent dans leur rapport que
le même Krirèche Ahmed ben Mohammed a constitué, le même
jour, 13 septembre 1918, sous le n° 199 de la mahakma notariale
de Tizi-Ouzou, enregistré, un second habous portant, non plus
sur les immeubles du village indigène de Tizi-Ouzou mais sur
son immeuble de la rue Saint-Eustache à Tizi-Ouzou ;

» Attendu que ce habous n° 199 *doit être réduit au tiers en
usufruit pour les mêmes motifs qui ont fait réduire le précédent
n° 200 ;*

Attendu que les experts n'ont pas cru devoir opérer cette réduction de leur propre autorité dans leurs calculs et qu'ils ont calculé

les droits héréditaires comme si ce habous n· 199 était valable dans son entier ;

Attendu que leurs calculs de ce chef sont donc erronés, qu'il échet de prononcer la réduction au tiers du habous n° 199 et de renvoyer les parties devant M. le Cadi titulaire de Tizi-Ouzou pour qu'il soit par lui dressé le calcul des droits héréditaires de chacun sur ces nouvelles bases et que ce magistrat se préoccupe aussi des questions de dévolution.

» Par ces motifs :

» Statuant publiquement, en matière civile et en première instance, prononce la réduction au tiers en usufruit du habous constitué par Krirèche Ahmed ben Mohamed, le treize septembre 1918, sous le numéro cent quatre-vingt-dix-neuf des minutes de la Mahakma notariale de Tizi-Ouzou, annule tous les calculs des droits héréditaires opérés dans le rapport des experts déposé le dix juillet 1920 ; Renvoie les parties devant M. le Cadi titulaire de Tizi-Ouzou etc...

.*.

Cependant, lorsqu'il n'existe pas d'héritier appartenant à la famille, un arrêt rendu par la Cour d'appel d'Alger, le 30 mars 1898 (*Rev. Alg.* 1898. 2. 307) décide en conformité du texte d'Hanoteau et Letourneux (tome II. p. 332) que la quotité disponible porte sur la moitié des biens.

Un récent arrêt (inédit) rendu par la Cour d'appel d'Alger (Chambre de Révision) le 11 juin 1921, décide que ne doit pas être réduit au tiers le hobous constitué par un militaire en temps de guerre (M. Granval président) : *Mesbahi cl Mesbahi*.

« La Cour : Attendu que suivant acte du suppléant du cadi notaire de Tizi-Ouzou en date du dix-huit août mil neuf cent quatorze le sieur Mesbahi Essaïd ben Amar qualifié soldat en retraite demeurant au douar Beni Zmenzer et qui était alors âgé de quarante et un ans a constitué habous la totalité de ses biens meubles et immeubles, présents et futurs, selon la doctrine d'Abou Hanifa, d'abord à son profit puis, à défaut d'enfants, en faveur de son épouse, de ses sœurs et de ses nièces ;

» Attendu que, rappelé par la mobilisation générale le deux août mil neuf cent quatorze, Mesbahi fut incorporé le 20 du même mois dans un régiment de tirailleurs et dirigé sur France le premier septembre suivant ; que disparu à Esnes (Meuse) il a été par jugement déclaratif de décès rendu le dix-sept novembre mil neuf cent vingt déclaré décédé le dix-neuf mai mil neuf cent seize ;

» Attendu qu'après le décès de l'épouse de Mesbahi Essaïd, le nommé Mesbahi Mohamed ben Kaci agissant en qualité d'héritier aceb de Mesbahi Essaïd a actionné les sœurs et les nièces de ce dernier en délaissement des biens habousés à leur profit ;

Attendu que par jugement du Juge de Paix de Tizi-Ouzou en date du dix-neuf août mil neuf cent vingt Mesbahi Mohamed a été débouté de sa demande ;

» Attendu que sur appel de ce jugement, le Tribunal de Tizi-Ouzou, considérant que Mesbahi Essaïd était présent sous les drapeaux au moment où il avait constitué le habous et qu'il a été tué sur le front, qu'il est de principe que si le disposant était en danger de mort au moment de la constitution du habous et n'a pas survécu, le habous ne vaut que comme disposition testamentaire et jusqu'à concurrence du tiers disponible, a, par jugement du six janvier mil neuf cent vingt-un infirmé le jugement du Juge de Paix, déclaré que Mesbahi Essaïd n'avait disposé au profit des intimés que du tiers des biens ayant fait l'objet du habous en question du dix-huit août mil neuf cent quatorze et a condamné les intimés à délaisser les deux autres tiers au profit de l'appelant ;

» Attendu que M. le Procureur Général s'est pourvu le trois mars mil neuf cent vingt-un contre ce jugement, motif pris de ce que le Tribunal de Tizi-Ouzou a fait une fausse application en l'espèce du principe du droit musulman, suivant lequel un habous constitué par une personne se trouvant en danger de mort au moment de la constitution, et qui n'a pas survécu, ne vaut que comme disposition testamentaire ;

» Attendu que les questions relatives au habous rentrent dans le domaine du statut successoral ; que la violation des règles relatives à la capacité de disposer par voie de habous constitue donc une violation des droits et coutumes qui régissent les indigènes musulmans en ce qui concerne les successions et que par suite cette violation donne ouverture au droit de pourvoi accordé au Procureur Général par l'article 52 du décret du vingt-cinq mai mil huit cent quatre-vingt-douze ;

» Attendu que le pourvoi dont s'agit qui, d'ailleurs est régulier en la forme, est donc recevable ;

» Au fond : Attendu que la restriction apportée à la libre disposition de la totalité de ses biens par voie de habous par un individu se trouvant en danger de mort au moment de la constitution procède d'une présomption que l'individu ainsi menacé ne jouit pas de la plénitude de sa volonté libre et réfléchie, qu'il suit de là que le danger de mort envisagé doit avoir été de nature à inspirer au disposant une inquiétude immédiate assez vive pour le priver en partie de son libre arbitre et le laisser ainsi exposé à subir des influences et des suggestions auxquelles il n'aurait pas obéi s'il eût joui de sa pleine liberté d'esprit ;

» Attendu que Mesbahi Essaïd ne saurait être considéré comme s'étant trouvé le dix-huit août mil neuf cent quatorze en danger de mort de nature à produire un tel effet parce que, rappelé sous les drapeaux en temps de guerre, il était susceptible d'être envoyé sur le front de bataille où il aurait été réellement en danger de mort ; que non seulement une telle éventualité ne peut être considérée comme ayant été de nature à impressionner un être raisonnable au point de lui faire perdre la plénitude de son libre arbitre mais qu'en fait, aucune des dispositions par lui prises au moyen de la constitution habousale par laquelle il assurait la jouissance de la totalité de ses biens à son épouse et à ses parents les plus rapprochés, n'est de nature à faire supposer qu'il ait pu être l'objet de captation de la part des bénéficiaires éventuels du habous ;

S'il n'est pas régulier, s'il y manque, notamment, la destination pieuse, il n'est pas retenu comme hobous. Mais, au lieu de le rejeter purement et simplement (comme dans la deuxième opinion), le Tribunal

---

« Attendu qu'il est vrai que Sidi Khelil fait figurer parmi les cas d'interdiction, la présence sous les drapeaux en temps de guerre ; mais que les commentaires de cette règle en déterminent la portée et tendent d'ailleurs à faire ressortir, que le danger de mort doit être réel et immédiat ; que c'est ainsi que dans la traduction de Sidi Khelil par Perron on voit qu'est incapable, l'individu présent et combattant dans les rangs de l'armée en bataille et quand même il n'a pas encore reçu de blessures, mais qu'il en serait autrement si cet individu se trouvait dans les troupes placées en réserve afin de venir au secours de ceux qui plieraient devant l'ennemi, ou était dans les troupes d'observation ou dans les troupes d'exploration ;

»'Attendu qu'à plus forte raison ne pouvait se considérer comme s'étant trouvé en danger de mort, parce que présent sous les drapeaux en temps de guerre, Mesbahi Essaïd qui se trouvait au moment de la constitution du habous, en août mil neuf cent quatorze à plus de quinze cents kilomètres du front de bataille, qui n'était qu'à la veille de son incorporation et qui n'a été tué que près de deux ans après la constitution du habous ;

» Attendu que le Tribunal de Tizi-Ouzou a donc fait une fausse application dans la cause des principes relatifs à la capacité de disposer par voie de habous, d'où il suit que le jugement déféré doit être annulé ;

» Par ces motifs :

» Reçoit en la forme le pourvoi de M. le Procureur Général et y faisant droit au fond ; le déclare justifié ;

» Annule en conséquence le jugement déféré rendu entre les parties par le Tribunal de Tizi-Ouzou le 6 Janvier 1921 etc... »

(M. Thiodet, Conseiller Rapporteur ; M. Norès, Subs. Proc. Gén c oncl. conf. ; MM⁰ˢ Gouttebaron et Charpentier, Avocats).

recherche l'intention du disposant. Il considère que le Kabyle, ignorant de la loi musulmane, a intitulé hobous un acte qui, d'après son texte, est en réalité un testament, une donation ou une constitution d'usufruit d'un genre particulier. Le Juge disqualifie alors, simplement, l'acte produit qui, de hobous, devient testament, donation ou usufruit et reste valable à ce dernier titre.

— Ou bien cet acte a été passé peu de jours avant le décès du constituant et c'est un testament ;

— Ou bien cet acte a été passé alors que le constituant était en parfaite santé, loin de sa mort, et c'est une donation ou une libéralité en usufruit, suivant le cas.

Cette jurisprudence se rapproche, par certains côtés, de celle que nous avons étudiée dans le premier groupe de décisions.

Nous avons reproché au jugement du Tribunal de Tizi-Ouzou du 21 mars 1913 d'avoir écarté un hobous régulier, par le seul fait qu'il était constitué par un Berbère ; à l'arrêt du 22 juillet 1907 et au jugement du 26 octobre 1916 d'avoir dit que le hobous n'existait pas en Kabylie.

Mais ces décisions viennent prendre place dans le présent paragraphe, parce que, après avoir jugé que les hobous litigieux étaient, ou inexistants ou irréguliers, le Tribunal et la Cour recherchent la volonté du

constituant et maintiennent les dispositions successorales de ce dernier en tant que donation ou
testament.

S'il est exact, en effet, que les Kabyles constituent
souvent de véritables hobous, il est non moins exact
que, sous ce même nom, ils font, plus souvent encore,
des donations ou des testaments. Il appartient au
Juge de qualifier juridiquement l'acte qui lui est
soumis.

Il nous reste à examiner, dans le détail, les décisions
rendues dans ce sens et qui, à notre avis, font l'application la plus juridique et la plus équitable à la fois
de la loi.

*
* *

1° *Acte irrégulier comme hobous, mais valable
comme testament*

Dans ce sens, Alger 30 mars 1898 (*Rev. Alg.*, 1898,
2, 307) : un acte de hobous du 18 novembre 1893 ne
contient pas de destination pieuse. La Cour décide
que cet acte doit être considéré comme un testament,
ne pouvant par conséquent porter que sur la quotité
disponible (1).

En effet, cet acte du 18 novembre 1893, a été reçu
par le cadi quelques jours avant le décès du consti-

---

(1) Sur la détermination de cette quotité disponible, voir supra
page **132**, note 1.

tuant. Or « du jour où la maladie l'a abattu sur sa couche, du moment où l'image de la mort se présente à ses yeux, qu'elle lui arrive avec l'odeur de la poudre dans le combat ou avec le bruit du flot qui bat son navire » (1), le Kabyle ne peut plus disposer de la totalité de ses biens (2).

*
* *

2° *Acte irrégulier comme hobous, mais valable comme donation entre vifs.*

Tizi-Ouzou, 4 avril 1912, *inédit :*

« Attendu qu'en Kabylie, si le hobous peut exister théoriquement aussi bien que dans tout autre terre musulmane, il est bien certain qu'en pratique et en raison principalement de ce fait, que la coutume ne reconnaît pas de droits successoraux aux femmes, l'usage du hobous est devenu extrêmement rare et que ce terme doit ordinairement être considéré comme

---

(1) Hanoteau et Letourneux, t. II, p. 328.

(2) L'arrêt du 30 janvier 1905 (Robe, 1905, 298) que nous avons classé dans le deuxième groupe des décisions que nous rapportons, pourrait, par un raisonnement a contrario, s'adapter à ce troisième système jurisprudentiel. La Cour juge qu'a priori un hobous kabyle n'est pas fatalement un testament ; qu'en l'espèce notamment il contient une destination pieuse qui en fait un véritable hobous ; d'où il semble résulter que si cette destination aux villes saintes n'existait pas, la Cour aurait retenu cet acte en tant que testament.

synonyme d'acte de disposition, soit entre vifs, soit à cause de mort suivant les circonstances. Attendu dès lors que les *formes et les conditions de validité du hobous ne sauraient être exigées d'un acte de disposition qui n'a d'un hobous que le nom* et qu'il échet de ne pas s'arrêter à cette apparence, mais au contraire d'envisager la réalité des faits pour s'en tenir à la volonté supposée du disposant ou exprimée par lui.

» Attendu que l'acte contesté doit être considéré *comme une donation* ».

Tizi-Ouzou, 26 octobre 1916, déjà cité ;

Tizi-Ouzou, 21 mars 1913, déjà cité, supra p. 119 n° 1.

Ce dernier jugement décide très justement que, dès l'instant où le Tribunal estime que l'acte doit être qualifié donation, ce sont les règles de la donation qui doivent lui être appliquées.

**

3° *Acte irrégulier comme hobous mais valable comme portant cession d'usufruit d'un genre particulier.*

Alger (app. Kab.) 22 juillet 1907, déjà cité (supra p, 123).

« En Kabylie la constitution de hobous n'est en réalité qu'une forme de donation particulière par laquelle le donateur se réserve la jouissance jusqu'à son décès, de tout ou partie de ses biens et n'en transmet au bénéficiaire que la nue-propriété... »

⁎⁎

Dans ce troisième et dernier système, la jurisprudence consacre une théorie à la fois juridique et humaine puisqu'elle aide les Berbères dans leur évolution morale favorable à la femme.

CONCLUSION

Au point où ils en sont avec les testaments, les donations et surtout les hobous, les Kabyles n'ont plus qu'un léger pas à franchir pour revenir à leurs traditions ancestrales antérieures à 1748 et décider que la femme, chez eux, héritera ab intestat.

Il apparaît des enquêtes auxquelles nous avons procédé qu'ils souhaitent cette réforme avec certains amendements, notamment en vue du maintien du bien de famille.

Il restera à déterminer également la proportion des droits successoraux qui seront ainsi accordés et qui seront très probablement conformes à ceux du droit musulman.

Mais pour faire aboutir cette réforme et, plus généralement, pour permettre à la coutume berbère de marquer son évolution vers la civilisation, donnons aux Kabyles un moyen légal de manifester leur consentement devant une commission d'enquête ou un comité d'études.

Rédigeons la coutume au stade actuel et rajeuni de son évolution.

Dans cette attente, encourageons une jurisprudence consacrant largement les volontés de ceux qui disposent de leur fortune.

La légende veut que, lors de la délibération fameuse des Beni-Ouacif qui exhérédait les femmes, chaque tribu ait apporté une pierre et qu'un tumulus ait été érigé, témoin de la décision qui avait été prise. « Si une tribu manque au pacte, dit-on, sa pierre est arrachée pour punir sa mauvaise foi » (1).

Puissions-nous voir crouler bientôt ce qui peut subsister encore de cet édifice, emblème d'oppression et d'injustice.

-----

(1) Hanoteau et Letourneux, t. II, p. 283.

DOUARS DE L'ARRONDISSEMENT DE TIZI-OUZOU

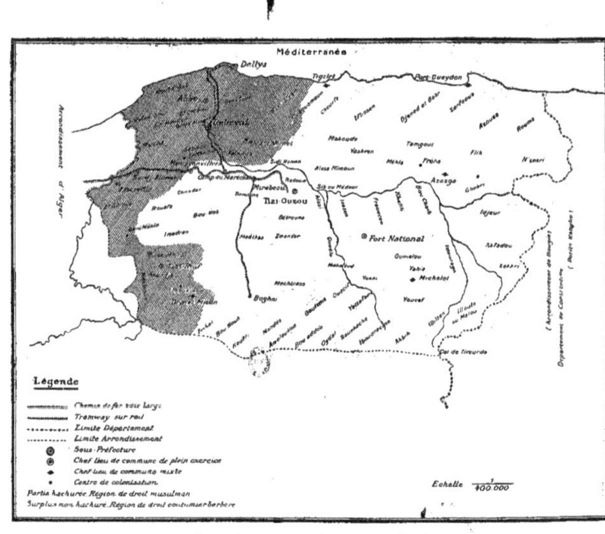

CARTE INÉDITE DES DOUARS DE L'ARRONDISSEMENT DE TIZI-OUZOU

TABLE DES MATIÈRES

DEUXIÈME PARTIE

L'exhérédation des femmes et la pratique du hobous en Kabylie

Vu :

Le Président,
M. MORAND.

Vu :

Le Doyen,
M. MORAND.

Vu et permis d'imprimer :

Alger, le 28 septembre 1921.

Le Recteur,
E. ARDAILLON.